埋もれた中国古代の海昏侯国 二

劉賀が残した宝物

主編　陳政
編著　王東林・王冠
監訳　向井佑介
翻訳　坂川幸祐

樹立社

序

前漢王朝の残影

陳政

雄大な美しさに言葉をのむ江西の山川は、つねに人々に対して天のめぐみをもたらし、傑出した人材を生みだしてきた。

南昌の前漢海昏侯劉賀《かいこんこうりゅうが》墓では、五年の歳月をかけて、約四百万平方メートルにおよぶ分布調査がなされ、約一万平方メートルが発掘された。その調査は、紫金城址、歴代海昏侯の墓園、貴族・平民墓地などを中心に、海昏侯国の一連の重要遺跡を発掘して大きな成果をあげ、二〇一五年度中国十大考古新発見のひとつに選定された。

一

前漢王朝は秦王朝のあとをうけた統一王朝で、劉邦の建国より、文景の治を経て、武帝の世にいたって最も繁栄する。

政治の世界におけるゲームとは、決して遊びではなく、真の戦争である。戦争というからには、刀の光、剣の影からのがれることはできない。

後元二年（前八七年）二月、漢武帝劉徹が崩御した。武帝は臨終に先だち、ときに八歳であった皇位継承者（のちの昭帝）のため、政治を補佐する大臣らを指名した。大司馬大将軍霍光《かくこう》、左将軍上官桀《じょうかんけつ》、車騎将軍金日磾《きんじってい》、御史大夫桑弘《そうこう》羊《よう》の四人がそれである。

彼らは、武帝が思い描いた政治設計の青写真にもとづき、霍光と上官桀が政治を、金日磾が外交を、桑弘羊は経済を、それぞれとりしきった。

武帝にとって想定外だったのは、封建王朝の外戚による専横の舞台が、このときに幕をあけたことである。そのなかの一幕において、主役を演じた彼の孫こそ、かつての昌邑王《しょうゆうおう》である漢の廃帝、海昏侯劉賀であった。

人の考えは天の意思におよばない。漢の武帝が崩御してからわずか一年で、金日磾が世を去った。それから数年して、上官桀と桑弘羊が霍光の専権に反発し、かえって謀反の罪に陥れられ、いずれも誅殺《ちゅうさつ》された。

ここにおいて霍光ひとりが強権をふるい、朝政を一手に掌握することとなる。

彼こそが、波乱に満ちた劉賀の運命を、舞台裏で操った張本人であった。

一

南昌海昏侯墓が存在するのは、中国でこれまでに発見されたなかで、最大の面積をもち、最も保存状態がよく、最も内容が豊富な漢代侯国の遺跡群である。その出土文物は、前漢列侯の葬制と墓園の制度を研究するうえで、きわめて大きな価値をもっている。

それが大きな価値をもつというのは、千年の謎を解きあかす鍵がそこにあると考えるからでもある。

幼少のころ、次のような民謡を耳にしたことがある――「淹《しず》みたり海昏県、出でたり呉城鎮」と。

海昏県城は漢代予章郡所管の十八県城のひとつでありながら、六百年あまりの歳月をへて地勢は大きく変容し、忽然と消滅して、現在その行方をさがしもとめることは困難となっている。あるいは、鄱陽湖《はようこ》（古の彭蠡沢《ほうれいたく》）が変遷する過程で埋没してしまい、東方の「ポンペイ」となってしまったのであろうか。

海昏侯国と海昏県城はもちろん完全に同一のものを指すわけではないものの、両者が関連する度合いはきわめて大きい。

海昏という名の由来についていえば、海は大きな湖であり、昏は黄昏に日の落ちるところ、西方をいう。つまり海昏とは、大湖の西を意味する。

清朝の『大清一統志』および『新建県志』の記載によれば、海昏侯国の故地は南昌市新建区昌邑郷游塘村にあり、当地の民は依然としてそれを「昌邑王城」と称していたという。王城は平面方形をなし、地勢は平坦、面積およそ二平方キロメートル、もとは東西南北の四辺にそれぞれ城門がひらかれていた。二千年もの長い年月をへて大きな変貌をとげながらも、昌邑王城のおおよそのすがたは、いまなおうかがうことができ、もとの城壁の基礎も存在している。

それでは、海昏県城の場所はどこか。地方志の記載によれば、漢の海昏県は予章郡に属し、おもに鄱陽湖西岸、今日の永修・武寧・靖安・安義・奉新の五県の大部分の範囲にまたがっていたらしい。また『永修県志』によれば、漢高祖のときの海昏県治は今の呉城鎮蘆潭の西北数里のところに存在したという。

あるいは本当に鄱陽湖の変遷によって、海昏県城は埋没してしまったのであろうか。

いま海昏侯国は、そのすがたを現わしつつある。将来、海昏県城がわたしたちにさらなる意外な驚きと喜びをあたえてくれることに期待したい。

二

南昌市新建区昌邑郷の墎墩《かくとん》山は、一見すると荒山のようで、じつは草木に覆われた豊かな場所である。

海昏侯劉賀は終日なすべきこともなく、ときに自身が別の世界でどのような日々を過ごすべきかを想像していた。

人々はそれぞれ異なった角度から彼のことを憶測し、議論し、悪しざまにいうこともあった。彼の人生のすべては、ただ二十七日間皇帝になったあとすぐに玉座からひきずりおろされ、弾劾をうけたことに由来する。ここにおいて、彼はただ厚葬という手段によってのみ自らを慰め、虚妄の永遠を享受することができたのである。繁縟《はんじょく》にかざりたて、奢靡《しゃび》をつらねたおびただしい数の副葬品は、彼の複雑な内面を反映し、またそこに彼の現実世界に対する絶望を見いだすことができる。

真に教養と自信をそなえた人こそ、簡素をきわめることができる。劉賀のように政治の世界からはじきとばされて行く先を見失い、心に極度の悲哀を秘めた凡庸な生命の持主は、限りある生命を十分に輝かすことができず、それゆえ白玉をもって床をつくり、金をもって馬をつくり、死後の「絢爛たる輝き」を選択するしかなかった。

四

劉賀について語るには、まず劉賀の父、劉髆《りゅうはく》のことを語らねばならない。

漢の武帝には、あわせて六人の息子がいた。長子劉拠は皇太子に立てられ、次子の斉懐王劉《りゅう》閎《こう》は早逝して子がなく、そのほかに燕王劉旦、広陵王劉胥《りゅうしょ》、昌邑王劉髆、そして末子の劉弗陵《りゅうふつりょう》（すなわち漢の昭帝）がいた。

劉髆は、武帝の六人の息子のうち、五番目にあたる。天漢四年（前九七年）、劉髆は昌邑王に封ぜられ、前漢最初の昌邑王として、封地は山東（現在の巨野県）にあった。後元元年（前八八年）正月、昌邑王劉髆は世を去り、おくり名は哀王とされ、史書に昌邑哀王と称された。劉髆の死後、わずか五歳の劉賀がその位を嗣《つ》ぎ、前漢で二代目の昌邑王となる。

元平元年（前七四年）四月十七日、漢昭帝劉弗陵が逝去する。ときに二十一歳であった。昭帝には後継ぎがなく、大将軍霍光が考慮の末に、劉賀であれば皇帝位を継ぐことができると考え、その喪礼を主宰させたのである。劉賀はその詔《みことのり》をうけると、随従百名あまりをともない、用意された七両の馬車で長安府邸に向かった。

山東昌邑より長安の都まで、懸命に急いで、一か月あまりの道程であった。長安に到着してから何が起きたかは、本文中にすべて叙述されているから、ここでは贅言《ぜいげん》しない。

いずれにせよ長安に向かったときから、彼はすでに「海昏」への道を踏みだしていた。

このようにして叔父のあとをうけたとき、劉賀は皇帝としてただ二十日あまりの時間しかないことを知らなかった。あるいは、知っていたのかもしれない。そうでなければ、一日のうちに何十日分もの仕事をこなすようなことをするだろうか。

現在の目からみれば、劉賀は政治的に無能であり、あるいは愚か者といってもよい。はやくに父を亡くし、政治を教えてくれる人はいなかった。政治に深く通じた父、醇親王奕譞《じゅんしんのうえきけん》がいた清の光緒帝とは違っていたのである。

勝てば王侯、敗ければ賊となるのは、世の常である。そこに罪を加えようとすれば、理由などいくらでもあげられる。

歴代の史官がみるところ、劉賀が皇帝位にあった二十七日間、使者が頻繁に往来し、旄節《ぼうせつ》を手にとり各官署に命じて物資を徴発あるいは要求すること、あわせて一一二〇回を数える。文学光禄大夫夏侯勝、侍中傅嘉らがたびたび進言してあやまちを諫めたのに対し、劉賀は人をやって簿冊にもとづき夏侯勝に詰問し、また傅嘉を縛りあげて監獄に送った。まさに、狂人の行いといってよい。

さらに劉賀はまた、荒淫無道にして帝王の礼儀を喪失し、朝廷の制度を攪乱したともいう。大臣楊敞《ようしょう》らがしばしば諫言したにもかかわらず、それを改めなかったばかりか、むしろ日一日とひどくなっていった。正史の説くところによれば、霍光は劉賀が国家に危害をおよぼして天下の百姓をして不安ならしめることを危惧し、群臣と協議して皇太后上官氏に奏上し、劉賀を廃して昌邑国（治所は現在の山東省巨野県）に送還し、湯沐邑二千戸を賜給し、かつての昌邑哀王劉髆の家財をすべて劉賀にあたえたという。その後まもなく、昌邑国は廃され、山陽郡に改められる。また、霍光は武帝の曽孫劉詢《りゅうじゅん》をたてて皇帝とした。漢の宣帝である。

劉賀はよくわからないままに長安に入り、わけのわからないままに出てきた、といえるかもしれない。

彼は歴史によって、否、霍光によって手荒くもてあそばれたのである。

五

漢の宣帝劉詢は、劉賀にくらべて賢明であった。霍光の在世中は頭を下げておとなくし、霍光が世を去るのを待って、すぐさま霍光の残党を一掃し、ようやく完全に天下を手中におさめるにいたった。しかし、内心ではやはり劉賀に対して少し遠慮していたようである。

元康二年（前六四年）、宣帝は山陽太守張敞《ちょうしょう》に劉賀を監視するよう命じ、それにもとづき張敞は劉賀の日ごろの行いについて箇条書きにして上奏した。「臣張敞は地節三年（前六七年）五月に職を山陽に任ぜられました。もとの昌邑王は従前の宮中に住み、なかには奴婢一八三人がおり、大門をとじて小門をひらき、ただひとりの清廉な使用人のみが銭をうけとって街で買い物をし、毎朝まとめて食物を運び入れるほかは、出入りを許しておりません。ほかに見張りの兵士を置き、往来の行人には注意しております。また、もとの王府の資金で人を雇って兵士とし、盗賊にそなえ、宮中の安全を保つようにしております」と。

さらに、「臣張敞はしばしば官員を派遣して監察しております。地節四年（前六六年）九月中、臣張敞が視察したところ、前昌邑王は二十六、七歳で、顔の色は黒く、目は小さく、鼻は尖って低く、髭は少なく、身体つきは大柄で、リウマチを患い、歩行に不便をきたしております。短い着物と長い袴を身につけ、恵文冠を戴き、玉環を帯び、筆を髪に挿し、木牘《もくとく》を手にし、あわただしく謁見しました。前昌邑王の衣服、言語、挙動をみるに、痴呆を患っていることは明らかです」と報告している。

こうした劉賀に対し、宣帝は遠慮するに値しないと判断し、次の一手をうつことにした。脅威がないのであれば、廃帝である以上、やはりそれなりの待遇が必要である。

予章郡海昏県の地を割いて彼にあたえ、海昏侯とすることにしたのである。

元康三年（前六三年）、宣帝は詔を下し、「かつて舜の弟、象《しょう》は罪を犯し、舜は帝となってからその弟を有鼻の国に封じたという。骨肉の親はわかれても絶つことはできず、いま、もとの昌邑王劉賀を海昏侯となし、食邑四千戸をあたえることとする」と命じた。これに対し、侍中・衛尉の金安は上書して「劉賀は天が見放した人です。陛下は至仁のゆえに、また列侯に封じようとしておられます。しかし劉賀は愚鈍をきわめた人物で、宗廟をまもり、入朝して天子に拝謁する礼をつとめることはできないでしょう」と述べた。はたしてその上奏は宣帝の批准をえた。劉賀は家人と奴僕をともない、封国の海昏（現在の南昌市新建区）へと向かうこととなった。

皇帝から王となり、さらに侯へと格下げされた。不運な劉賀は気づけば、山東から長安へと行き、また長安より山東へと戻り、ついに運命は彼を山東から江西へと送り、鄱陽湖畔の海昏侯国、すなわち江西のこの地に埋没させるにいたったのである。

じつのところ劉賀は、かなりの部分において、皇帝権力と霍光勢力による政権闘争の犠牲者だったのである。

六

海昏侯墓から出土した驚くべき文物が人々の関心をひきつけるなかで、私は墓主の不幸な運命に思いをめぐらせつづけてきた。

劉賀が海昏侯に封ぜられて数年後のこと、揚州刺史の柯《か》という人物が、劉賀のもとに前太守卒史の孫万世が出入りしている旨を上奏してきた。孫万世は劉賀に、「かつて廃位されたとき、なぜ宮殿を出ずに堅守して大将軍を斬ることもなく、天子の璽綬《じじゅ》を奪われるにまかせてしまったのでしょうか」と問いかけた。劉賀は、「そのとおりだ。機会をのがしてしまったのだ」と答えた。孫万世はまた、劉賀がそのうち予章王に封ぜられ、ずっと列侯のままでいるはずはないと考えていた。劉賀は、「そうなるかもしれないが、口にすべきことではなかろう」と答えたという。関係の役人らはこの上奏にもとづき、孫万世を捕らえて尋問し、事実を明らかにしようとした。

もとより劉賀に政治の素養と知識はなかった。しかし、毎日数十件の不祥事を起こしたというのは、明らかに誰かが故意に罪名を羅列したにちがいない。そもそも、霍光の一派は調査して把握していたのであろうか。このように頑迷で無知な人物を選んで国喪を主宰させ、帝位を継承させようとしたこと自体、監督不行届きというべきではないか。責任はどこにあるのだろう。

歴史の上ではさらに異なった見方もできる。当時の政治情勢のため、劉賀の抱いていたさまざまな志は、ただ驕奢淫逸《きょうしゃいんいつ》によって包みかくすほかはなかったのである。しかし、はからずもその仮面があまりにひどかったため、やはり皇冠を失うこととなった。

現在の多くの家譜がすべてそうであるように、歴史もまた虚構に満ちている。

この眼下にある、ただ木々におおわれるばかりの堅固な丘陵は、かつての小さな城邑であった。

あらゆる手がかりが、ただ過去の一点を指している。

初元三年（前四六年）、漢の元帝劉奭《りゅうせき》は劉賀の子、劉代宗を海昏侯に封じ、海昏釐侯《かいこんり》とした。劉代宗はその位を息子の海昏原侯劉保世へと伝え、劉保世はその子の劉会邑《りゅうかいゆう》に位を伝えた。

西暦紀元八年十二月、王莽《おうもう》が漢にかわって新王朝を樹立した際、海昏侯国は廃され、劉保世は封地を失って庶民におとされた。のちに劉秀が後漢王朝を建国すると、劉氏の天下が回復し、劉会邑もまた海昏侯の地位に復した。そして後漢の永元十六年（一〇四年）には、海昏侯国は分割され、建昌県と海昏県が設置されている。

前漢昭帝の治世ののち、劉賀が即位してわずか二十七日、さらに宣帝劉詢が即位するまで、朝政はおおよそすべて霍光の掌中に握られていた。当時、霍氏一族の権力は絶大で、霍光が朝野に権力をふるっただけでなく、その息子の霍《かく》禹《う》と甥の子の霍雲は前後して宮衛の郎官を統率する中郎将に任ぜられ、霍雲の弟の霍山は禁衛部隊である胡越の兵を統率する奉車都尉侍中を拝命している。霍光のふたりの娘婿もそれぞれ東宮と西宮の衛尉として皇宮の警備を担当するなど、その兄弟・親族はみな朝廷の要職につき、前漢の朝廷内にあまねく張りめぐらせた広大な勢力基盤を築きあげたのである。ここにおいて、霍光はすでに当時の事実上の最高権力者であったが、昌邑王劉賀を帝位から廃除して宣帝を擁立すると、その権勢と声望はさらに絶大なものとなり、頂点をきわめたのであった。

幸いなことに、劉詢は劉賀にくらべてずいぶん利口で、自らの才を隠すすべを知っていた。

かつて民間に身をおいていたときから、劉詢は霍光の権勢と威風を耳にしていた。とりわけ一夜にして平民から至高無上の皇帝へと変身したのちには、いっそう霍光の権威にしたがうよう努めた。ひとたび即位すると、朝廷内部からは霍光派の政治的圧力がひしひしと感じられた。即位の日、高祖の廟に拝謁する際には、霍光がその車に同乗してつきそった。劉詢は思うように身体を動かせず、針のむしろに座しているかのような感覚であった。

世間をよく知る宣帝は、心中よくわかっていた。自らが即位しても頼りとなる後ろ盾はなく、わずかに皇帝というひとつの称号のみによって、無数の手先をしたがえた霍光派と対等にわたりあうことは不可能であり、ただ最大限の自制を保ち、次第に自身の勢力を拡大し、時機をまって、ようやく最高統治権を奪回することができたのである。したがって即位してすぐに、霍光が政権を返還する意思を表明したとき、劉詢はそれを拒絶した。彼は霍光を厚く信頼していることを明示し、霍光の才能をほめたたえたのである。そして、ひきつづき朝政を主宰するよう霍光に請い、あわせて群臣に対しては、大小を問わず何事もまず霍光に報告してから帝自身に奏上するよう、宣布したのである。その後、あらためて詔を下して、霍光による援立の功をたたえ、七千戸を増封した。朝廷において、劉詢は霍光に対しつねに最高の礼をもって待遇した。この一連の行動が、霍光の不信感と警戒感を払拭し、朝廷内にひそむ政治的危機を緩和し、劉詢が統治を開始するための良好な政治情勢をつくりだす役割を果たしたことは明確で、結果として「昌邑王の轍《てつ》を踏む」ことを免れたのである。

このようにみると、劉詢は劉賀よりもずっと政治的に隠忍《いんにん》自重《じちょう》のすべを身につけていたのであり、あるいは劉賀は根本的にそれを理解していなかったともいえよう。

騒ぎのあとに登場した劉詢が、帝位に即いてから劉賀の食邑三千戸を削ったのは、前任者とは政治的に一線を画することを表明しようとしたのかもしれない。

劉賀が歴史のなかでさしたる評価をうけることはなく、彼の海昏侯国もまた、月光の下にぼんやりと浮かぶ、鄱陽湖畔の夢のようであった。しかしその夢は、大量の財宝の出土を契機として、無数の人々の耳目を引きつけることとなった。

考古学の発掘は、往々にして人々の探究心に根ざしており、あるいは祖先の故事を借りて自らが輝かしい存在であることを確認しようとする行為ともいえる。

李冬君によれば、王道と王権の葛藤のなかで、現実の王権はつねにその時代の主流でありつづけ、理想の王道とは次第に乖離《かいり》していくのだという。

劉賀その人と彼にまつわる一連の出来事は、海昏侯墓の発掘と保護が進むにしたがって、じょじょにその時代の記憶が明らかにされていくことだろう。

七

文化には、創造、研究、伝播がともなう。

この考古学の重大発見をいかに扱うべきか—これは文化を研究し、世に伝えていくうえでの重要課題である。

文物は過去を伝える遺物であり、過去の歴史へといたる道であり、歴史の主観と客観とをつなぐ橋梁でもある。文物と歴史との関係は密接で、それはおもに歴史の事実、歴史の証拠、歴史感情、歴史問題という四つの方面にあらわれる。

専門家とメディアが注意しているのは、上述の四点のほか、研究と報道の過程で何よりも客観性と公正性を重視し、個人の嗜好や偏愛をもって歴史事実を判断しないということである。また、歴史の真相は表面だけをみても明らかにしえず、つねに物事の淵源までさかのぼって、本質を探究する態度が必要である。そして、つねに懐疑的態度をもって研究にあたり、無批判に他人の説に追従すべきではない。懐疑的態度をもって推論・考察・研究をかさねることこそが、正しい結論にいたる唯一の道であると信ずる。

海昏侯の文化について研究し、それを伝えていくにあたり、私は歴史学者の黄仁宇による「マクロヒストリー」の概念を参考にした。それは、個々の小さな事象から大きな道理を導き、長期的な社会・経済・文化構造の考察から歴史の潮流を明らかにし、深遠な歴史の時間軸と東西文化の比較から中国の歴史的特質を浮き彫りにしたもので、人間性の複雑化から文明発展の動態へと視点をひろげ、人間性と価値観の形成にまでおよぶ議論である。

海昏侯墓の発掘とそこから出土した文物には、少なくとも次のような重要な意義があると考えている。第一は、前漢時代の制度と文化の詳細を解明したことである。第二は、社会的、歴史的環境が個人の運命におよぼした重大な影響と、個人の運命が社会と歴史におよぼした大きな反作用の実例としての意義である。第三は、国家と郡県の間の政治的、地縁的関係を整理したことである。第四は、中国南方の経済発展の様相について新たな証拠を提供したことである。第五は、封建国家政権の注意力と行動力について、政治・制度・宗法《そうほう》などの観点から明確にしたことである。第六は、中国芸術史・経済史・考古学などさまざまな領域の学術研究に資する多くの実例を提供したことである。

史を以て鑑となす。鑑とは、鏡のことである。歴史を映す鏡によって、のちの人は襟を正してきた。

王から帝となり、さらに侯へと降《くだ》るという、波乱に満ちた海昏侯の運命は、我々に重苦しい感覚をのこした。

個々の人間が運命に立ち向かって疲弊し力尽きることは、狂瀾怒濤のなかで無駄にあがくようなものであり、それはまた中国数千年の歴史のなかではよくあることであった。運命の神はしばしば人をもてあそび、ときに垣間みえる非人間的あるいは非道な手口には、あらがうすべもない。

「マクロヒストリー」の学術的視点は、道徳観念にとどまらず、人類による理性的思考の発展法則について考える手がかりをあたえてくれる。

墓中から何が出土したかに着目することは、たいへん重要である。しかし、当時の歴史的、政治的背景がもたらした墓主の不幸な運命に注目することは、さらに重要である。

あるいは前漢海昏侯墓の発掘は、典籍に記された小さな歴史観念をはるかに超越し、生命の真理を解きあかしてくれるのではないだろうか。

まさにこうした思考にもとづき、私たちは『埋もれた中国古代の海昏侯国』シリーズを著した。本書によって多くの方に、なお精彩を放つ前漢王朝の残影を、はっきりと味わい、感じてもらいたいと願っている。

目次

まえがき

南昌市新建区北部の墎墩山《かくとんさん》と呼ばれる場所には、漢の武帝劉徹の孫——海昏侯《かいこんこう》劉《りゅう》賀《が》が二千年あまりの間しずかに眠っていた。この帝位を廃された短命の皇帝が経験した「王から帝へ」そして「帝から王へ」という人生の過程は、あまりに波乱万丈で、人を驚かせ、非難の対象ともなり、また疑問に満ちていた。眠りについて二〇七五年後、ついにその身を起こし、忘却の果てにある「死後の世界」に大きな驚きをもたらすとは、だれが想像できただろうか。

歴史が劉賀について残した史料情報は多くない。『漢書』のなかの「武五子伝」と「霍光金《かくこうきん》日磾伝《じっていでん》」にはそれぞれ二千字あまりの記述がある。そのほかわずかな記述を『漢書』の「本紀」、「列伝」、「外戚伝」そして「天文志」と「五行志」に散見する。のちの司馬光『資治通鑑』は、多くの部分を先人の記述に依拠している。これらの史料は、一貫して劉賀の叙述をひとりの明らかな欠点をもった暗君として描いているようであり、『漢書』の「天文志」と「五行志」にさえも劉賀を悪罵《あくば》しおとしめることばが含まれているのである。

山東省昌邑《しょうゆう》から江西省の海昏に移り、この「天に捨てられた」「おろかでかたくなな放蕩の人」はその十五年の余生を鬱々として過ごした。政敵である霍光を粛清しなかったことを後悔しつつも、彼に復位の心はなかったようであり、あるいはその心があっても力がなかったというべきか、すっかり自分の心を殺してしまうのが一番だった。彼はしまいには皇室の成員として「宗廟を奉じ天子に朝見する礼」をおこなう権利さえ剥奪されたが、彼はひたすら朝廷がその最初の決定を変更することを待っていたようでもあり、朝見に供するための大量の貴重な礼物をひっそりと準備していた。おしむらくは、まもなくして彼はわずか三十四歳でこの世を去った。その死後、彼はみずから生前に用いたり準備したりしていたものを全部ひとまとめに携えて黄泉《よみ》に入り、彼の三十四年の歴史を切り出して封じこめた。在位わずか二十七日間の皇帝であった彼は、自身が生きたその時代が、もはや彼を必要としてはいないことを理解していた。しかし彼はまた、自らの死後二千年あまりの今日に「機会」があり、前漢王朝といかなるしがらみも持たず、彼に真実の「論告」をあたえてくれる子孫や後輩があらわれることを知っていたかのようでもある。

海昏侯墓は、きわめて科学的で厳格な工程と方法によって、少しずつ解き明かされていった。深遠な謎のひとつひとつが、人びとの思索をうながし、息つくいとまさえない。ひとつひとつの発見が記録を刷新し、絶えず世界の注目を引きつけてきた。二万点あまりの貴重な遺物が、考古学調査員の手でひとつに組みあわせられ、はるか以前の「時代」を復元している。海昏侯劉賀についても、大胆な想像と精緻な証明とを配合した現像液のなかでゆっくりと、より真実にちかい人物像が浮かびあがってきた。

遺物を活かし、遺物が語ろうとする声なきことばを文字として伝え、遺物の背景にある故事を解説することこそが、まさに本書を執筆しようとした目的である。出土遺物の精査と修復には、さらに長い時間を費やすことになるだろう。完全なかたちの発掘報告が刊行されるのは十年後になるともいわれる。辛抱づよく十年を待つよりも、まずはその十年を先取りして自ら試みに解説してみよう。

どうせ世界を究めつくすことはできず、つねに探索の旅は道なかばなのだから……

一、黄金の龍、世に現る

龍・虎・鳳の透かし彫り文様をもつ韘形佩《しょうけいはい》
（主槨室東室南部より出土）

　二〇一一年のはじめ、南昌ではなんらかの一大事が起こることが予感されていた。まず骨董市にひとりの謎めいた人物が現れ、一体の黄金の龍の像を持ちこんだ。店主はひと目みて茫然とした。最上級の純金を打ちだしてつくられたそれは、民間のものでは決してありえず、王侯貴族の陵墓から出土したものであることは、ほぼ疑いがなかった。こんなものは手に負える代物ではない——古物関係の世界を渡り歩いた古物商でさえ、だれも手をだそうとはしなかった。

　噂がひろまると、全国の墓泥棒たちがそれを聞きつけてやってきた。骨董市場にも、一時不審な人間がずいぶん増えたのである。

　知らせを聞きつけた警察が即座に調査に乗りだし、あっという間に容疑者たちを捕縛した。その取り調べによると、「黄金の龍」は「墎墩《かくとん》山《さん》」と呼ばれるところから出土したとのことであった。

　墎墩山は、南昌市新建区北東部の大塘坪《だいとうへい》郷に所在する。贛江《かんこう》がその東辺を流れ、鄱陽湖《はようこ》に注ぎこんでいる。南東は象山鎮、南は金橋郷、北東は鉄河郷と接し、北西は川をはさんで永修県三角郷と対峙している。さらにその北には永修県呉城鎮が所在し、有名な汪山の土庫〔清朝の官僚・程氏一族の大邸宅〕と非常に近い。南昌市街地からは四五キロメートルの道のりである。墎墩山は従来から知る人ぞ知る古跡として有名であり、古代の墳墓が一帯にひろがっているのに加え、漢の廃帝劉賀にはじまる歴代の海昏侯の陵墓が営まれていると伝えられていた。

　江西は別名を「贛」といい、中国の地理区分上は江南地区あるいは華東地区に属している。現在は中部六省のひとつとなっており、長江中流域と下流域とをわける境界地点の南岸にあた

海昏侯墓発掘前の墎墩山の景観

る。東は浙江省と福建省、南は広東省、西は湖南省、北は湖北省および安徽省と接し、中国南東部の大三角形の中心に位置している。

江西省は南北約六二〇キロメートル、東西約四九〇キロメートル、総面積一六・六九万平方キロメートル、中国全体の約一・七四パーセントを占め、華東六省一市（山東省、江蘇省、江西省、安徽省、浙江省、福建省、上海市）のなかで最大の面積をほこる。省全体の人口は四五〇〇万人あまりとなっている。

おおよそ五十万年前のはるか昔には、江西省にはすでにヒトが生活しており、江西省の歴史に最初の一頁が刻まれていた。安義・楽平・奉新・靖安・新余といった後期旧石器時代の遺跡から出土した打製石器は、太古の人類が自然と格闘して残したものである。

仙人洞とその付近の吊桶環《ちょうとうかん》遺跡は、いまから二万年以上前の昔にさかのぼる新石器時代前期の遺跡である。洞窟のなかからは夾砂紅陶《きょうさこうとう》（砂混じりの赤焼きの土器）の破片が出土しており、これまで中国で出土したなかで、もっとも古い年代を示す土器となっている。この遺跡から出土した一万二千年前の野生種のイネのプラントオパールや一万年から九千年前の栽培種のイネのプラントオパールは、江西省が世界の稲作栽培の起源地のひとつであることを示している。

今から五千年から四千年前の新石器時代後期には、江西省の各地にさまざまな文化の遺跡が出現する。これらの遺跡はおおよそ二種類の文化に代表される。そのひとつは鄱陽湖以西の贛江下流域一帯に分布する山背文化であり、もうひとつは贛江中流域両岸の築衛城―樊城堆《はんじょうたい》文化である。

こうした多数の遺跡の分布は、江西地域の開発がいっそう進展し、人口が増加して多くの集落が営まれたことを示している。遺跡からはしばしば斧、鍬《くわ》・鋤《すき》、穂摘み具、鎌などの農業生産の道具のほか、米粒やもみ殻や稲わらが出土し、水稲栽培を主とする農業生産が、当時すでに重要な経済基盤となっていたことを示している。また、山背遺跡からはブタ、イヌ、ウシ、ヒツジなどの家畜の骨も出土していることから、この時代の農業はすでに発達した家畜飼養をともなっていたことがわかる。さらに、同じ遺跡からは住居址が検出されており、この時代には居住に関する条件が前時代とくらべて大きく改善されたことがわかる。

商から周時代の江西地域では、非常に発達した青銅器文化が創出された。

一九八九年に大洋洲遺跡で商代後期の大型墓

大洋洲商代大型墓出土の青銅器

が発掘され、四八〇点以上の青銅器、百点あまりの玉器、三百点あまりの土器、そして少なくとも三体分以上のヒトの歯が計二十四個検出された。このうち、青銅器のなかには礼楽のための器物もあれば、生産用具や武器などさまざまな青銅器が含まれていた。その数量、種類ともに豊富であり、形状は特異で、文様は華やかであり、中原で出土する青銅器にも匹敵する美しさであった。

一九七三年には呉城遺跡が発見され、あわせて八次の大規模な学術発掘がおこなわれた。五千平方メートルの範囲が発掘され、建物址、路面、土坑、井戸、土器窯、祭祀遺構、そして墓が検出され、一四〇〇点以上の石器、土器、原始瓷器《しき》、玉器、銅器、牙器、百点あまりの青銅器の石范《せきはん》（石製鋳型）、そして多くの青銅製の工具、武器、儀礼用の酒器などが出土した。このことから、呉城遺跡では当時すでにかなりの規模の青銅器工房が存在したことがわかる。さらに、呉城遺跡では土器や石製鋳型に刻まれた記号が一七〇件あまり確認されており、文字の起源について研究する上で、重要な資料的価値をもつものである。

銅嶺遺跡では、商から周時代の銅鉱石の採掘場が発見されている。その坑道掘削、採掘、選鉱、精錬の技術は、同時代のあらゆる採掘遺跡とくらべても先進的である。銅嶺の木枠により坑道を補強する技術、水洗式の選鉱方法とウィンチは、国内だけではなく世界中をみても最もふるいものである。このことを根拠に、江西省が冶金技術の起源地のひとつであった可能性を指摘する学者もいる。

中国最古の地理書である『禹貢』のなかでは全国が九州に区分され、江西省はそのなかの揚州に属している。西周時代の江西省では、少なくとも「応」と「艾《がい》」のふたつの地方政権が成立していた。これらはおよそ現在の余干県と修水県の領域内に位置しており、いわゆる「応監」「艾監」といった監督機構が設けられ、中原の王朝の統制を受けていたと考えられる。春秋戦国時代には、江西省は呉・越・楚の三か国にわかれ、「予章の地は、呉頭楚尾たり」ということばが残されている。

江西が独立した行政区画となるのは前漢時代からのことである。

漢の高祖五年（前二〇二年）には、高祖劉邦は大将の灌嬰（陳嬰とも）に江西・広西・広東などの地域に進駐させ、江西に予章郡や南昌県といった行政単位を設置した。郡の名前である「予章」とは、領域内でクスノキ（樟）が青々と生い茂っているさまに由来する。一説によれば、当時の南昌県の県城内には、高さ十七丈、太さ四十五抱えにおよぶ大きなクスノキが枝葉を茂らせ、数畝にもわたって覆っていたという。県名の「南昌」は、「昌大南疆《しょうだいなんきょう》」「南方昌盛」という南方のさかんなさまをあらわしたことばからとられている。

当初、予章郡は十八の県を管轄しており、郡治は南昌県にあり、おおよそ現在の江西省の領域に相当した。郡の管轄する県名とその所在地は以下のとおりである。すなわち、現在の贛江の南に贛県《かんけん》・雩都《うと》（現在の于都）・南野《なんや》（現在の南康）、鄱陽湖の沿岸に彭沢《ほうたく》・歴陵（おおよそ現在の徳安）・柴桑《さいそう》（現在の九江）・鄱陽・余汗（現在の余干）・海昏（現在の永修）・鄡陽《きょうよう》（現在の都昌南東部とそれに接する鄱陽湖南湖一円）、贛江の東に南城、贛江中流域の西よりに廬陵《ろりょう》（現在の吉安）・新淦《しんかん》（現在の新干）・安平（現在の安福東部）・建成（現在の高安）、贛江北西部に宜春・艾《がい》（現在の修水）がそれぞれ所在していた。このほかに江西省には長沙郡に所属する安成県が、安平県と隣接し、安福県の西部に相当する位置に所在していた。現在の江西省についていうなら、その領域内に十九の県が所在していたというのがより正確なところだろう。

海昏県の範囲はおおよそ現在の武寧・奉新・靖安・安義・永修・新建の領域に相当し、県治は永修県呉城の近辺に所在していた。しかし地形変動の結果、海昏県は四二五年に廃絶してしまう。

漢は秦の制度を継承したが、その行政区分は秦王朝のそれとは異なっていた。「郡県制」を引き続き施行するとともに、「封国制」も同時に採用し、「郡国制」と呼ぶべき制度をつくりあげた。封国には王国と侯国が含まれる。劉邦は項羽と覇を争っていた時代には異姓王七人を相ついで封建した。しかし皇帝に即位したのちには、同姓王九人に分封した。

前漢の武帝の元朔二年（前一二七年）、主父《しゅほ》偃《えん》は武帝に上奏し、諸侯が自らの判断で子弟を列侯として封建できるようにして恩徳を知らしめるとの名目のもとに、諸侯の勢力を削減することを建議した。この建白は武帝の強硬な専制的中央集権主義と合致し、同年正月に「推恩令」として発布された。これにより、諸侯の傍流が分封され、列侯の地位を手にするにいたり、多くの王国がいくつかの侯国に分断された。漢王朝の制度によれば、列侯の領地は郡に管轄され、その位置づけは県に相当するものであった。これにより、王の勢力は縮小し中央の直轄地が拡大したのである。前漢の武帝はこのように、「推恩」の概念を利用して、諸王侯の利権を削減するという目的を達成していたのである。

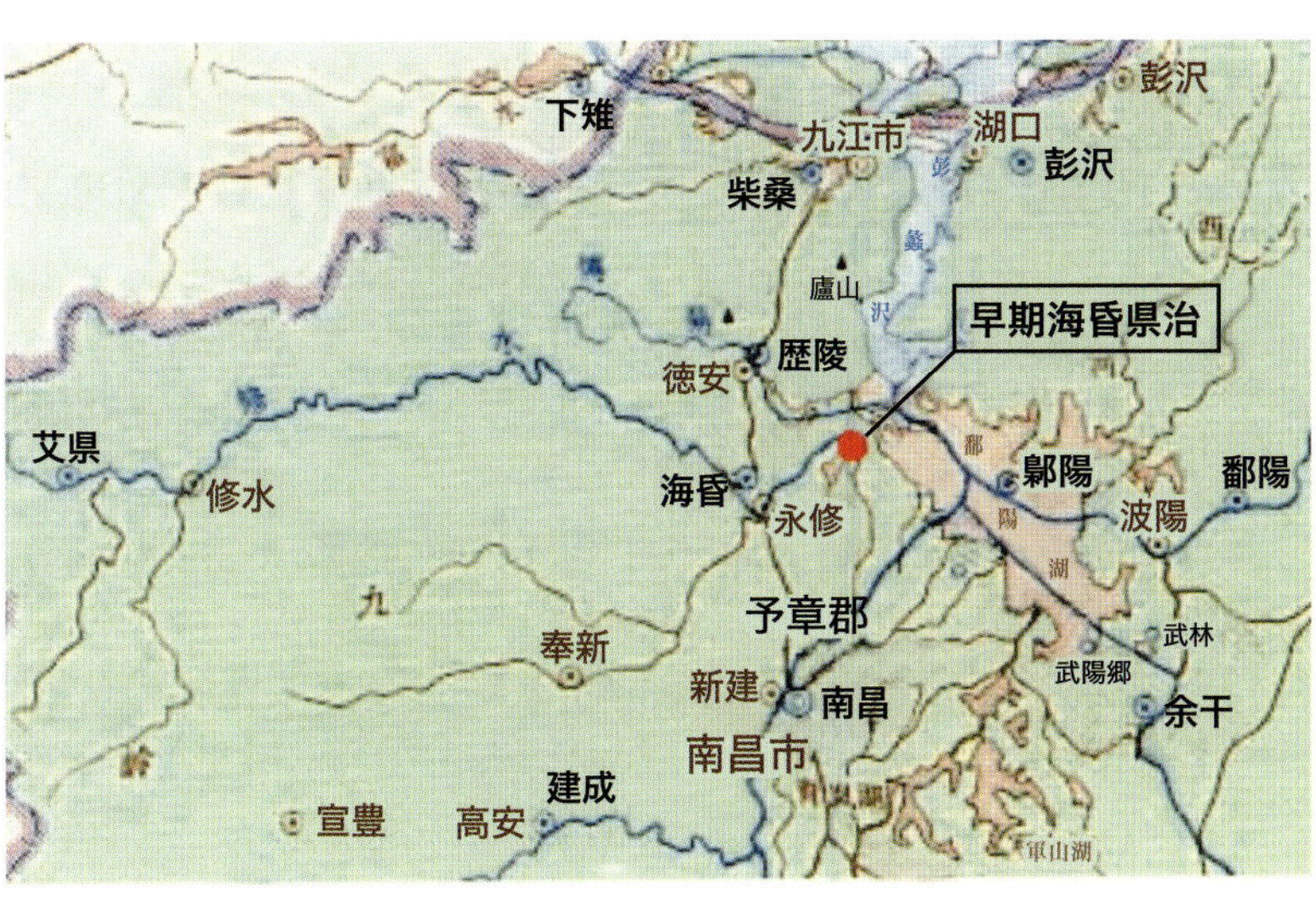

前漢海昏県の位置（譚其驤主編『中国歴史地図集』第二冊、地図出版社、一九八二年、二四〜二五頁より引用）

漢代の予章郡のもとには、「海昏侯」と「安平侯」の二つの侯国があった。このほかにも江西省には安福県の領域に位置し、長沙郡に属した「安成侯国」があった。

漢王朝の第九代皇帝劉賀は皇帝位から退けられた後、宣帝の元康三年（前六三年）に海昏侯として封建され、予章郡の海昏県に海昏侯国が設置されたのである。『漢書』によれば、海昏侯国は少なくとも四代一六八年の歴史を保ったという。

はたして、墎墩山は大騒ぎとなった。

おおよそ二月中旬から下旬ころ、村人たちはよそ者があわただしく出入りするのを目撃していた。その数日後よそ者はまたやってきたが、その目的は依然として不明であった。見過ごせなくなって問い詰めてみると、「ウサギを追いかけているんだ」との回答である。その発音は近隣の県の住人のそれのようであった。

ある日の夕方、観西村の電気技師である熊菊生が仕事を終え帰宅したとき、夜のとばりのなかでちかちかと閃光が輝くのを目撃した。村中の犬が恐れおののきけたたましく吠えていた。鬼火であろうか。はたまた幽霊であろうか。次の日の朝、彼は仲間と連れ立って、その真相を確かめにいくことにした。出発してまもなく、山上に黄土が真新しく露出し、その横に土がうず高く積まれているのを目撃した。近づいて見てみると、なんとそれは長さ一・二メートル、横幅〇・七メートルの盗掘坑であった。周辺には打ち捨てられた缶詰やペットボトル、手袋が散乱していた。十数メートルの盗掘坑を探ってみると、古びた土のなかに強烈なクスノキの香りが鼻をつく。そしてその最奥では枕木よりも大きな丸太が露出していた。これをみて、彼らはすぐさま警察に通報した。

警察の記録では、これは三月二十三日のことであるという。

村人たちは憤激し、行政府は驚愕した。「ウサギ捕り」はすぐに逮捕された。

四月二十一日、国家文物局は発掘の認可を下した。

考古学調査隊が現地に入ったのは、四月二十三日のことである。

地下深くに封印された悠久の歴史が、ゆっくりと姿を現しはじめたのである。

二、二千年の時をこえて

二〇一一年四月、江西省文物考古研究所は墓地周辺に対する全面的な調査を開始した。もともとこの土地は前漢時代の海昏侯の陵墓を中心とし、その周辺には大小あわせて八基の墓と一基の車馬坑がまばらに分布する墓園であった。墓園の平面プランは長方形をなし、総面積は四・六万平方メートルであった。

墓園の周囲に沿って調査したところ、比較的保存のよい囲壁址が確認された。墓園には東門と北門があり、門の外側には闕《けつ》〔門の前方両側にある門楼のようなもの〕も設けられていた。東門は海昏侯国の都城である紫金城遺跡につながっていた。墓園内部では一基の大型墓（一号墓）とその夫人の墓（二号墓）、七基の陪葬墓、一基の車馬坑、そして二基の井戸が検出された。一号墓および二号墓はともにひとつの大きな基壇の上に営まれ、その前面にはあわせて四千平方メートルの建築群があった。海昏侯と夫人の墓のために設けられた二百平方メートルの祠堂には、回廊や列柱が明瞭に残存し、寝殿と廂房があることも確認された。

青銅灯（西蔵槨娯楽用具庫より出土）

中心となる墓は海昏侯の墓とみてまちがいないだろう。台状の墳丘、その下から発見された「甲」字形の墓坑、「回」字形の槨室、槨室内部を居室とする設計、そして回廊形の副葬品倉庫（蔵槨）にみる機能区分などは、いずれもこの墓が前漢時代の列侯クラスの墓であることを示していた。

前漢時代における最上位層の墓として、皇帝陵・諸侯王墓・列侯墓の三種がある。皇帝陵の調査は今のところ陵園など、地表面上に残された施設の調査と、それに付随する地下施設の探査・発掘にとどまっており、皇帝陵そのものの調査はまだおこなわれていない。諸侯王墓の規模は皇帝陵のそれに次ぐ。河北省満城で中山靖王劉勝とその夫人竇綰《とうわん》の墓が発掘された一九六八年から今日にいたるまで、考古学的な調査がおこなわれた前漢時代の諸侯王とその夫人の墓は、あわせて二十一の王国に所在する五十八基があり、重要な成果があがっている。残念ながらこれらの諸侯王墓の多くは盗掘による攪乱をうけており、保存状況も不完全なため、大部分の諸侯王やその夫人の墓は、具体的な年代や被葬者を確定することがむずかしい。また、前漢時代の列侯墓については、一九六一年に発

海昏侯墓回廊部分の構造

掘された湖南省長沙県の砂子塘前漢墓の発掘を嚆矢とし、これまでに十六の列侯の二十基あまりの墓が発掘されている。しかし、これらの墓にかかわる考古学的調査の多くは、墓中の埋葬施設発掘に集中し、地表の墓園建築などの遺構の分布調査や発掘は系統的におこなわれてこなかった。

　歴史上に知られている前漢時代の列侯の墓のうち、あるものは皇帝陵に陪葬され、またあるものは勤務地で葬られており、これらはいずれも漢代の規定にのっとった典型的な列侯の墓とはいいがたい。一方、侯国内に葬られた列侯の墓としては、西安市鳳栖源の富平侯張安世墓が知られる程度で、この海昏侯墓の発見は、漢代列侯の墓園についての基準資料を提供することになる可能性がたかい。しかしこの墓地の調査は、同時に多くの謎をもたらし、識者たちを困惑させた。これまで皇帝陵や王墓の陵園・墓園においては、男性の墓は一基だけで、ほかは夫人や妾の墓であるのが通例であったのに対し、海昏侯の墓園では五号陪葬墓から一本の玉剣が出土したのである。この墓の被葬者も男性なのであろうか。また、これまでに発掘された皇帝陵や王墓では、陪葬された妻妾の数にかかわらず、共同の祠堂において墓主とともに祀られるのが通例である。海昏侯の墓では、侯と夫人との共有の祠堂だけでなく、そのほかの陪葬墓にも一基ずつ祠堂が設けられていた。陪葬墓に葬られているのは、妻や妾ではなく侯の子女だったのではないだろうか。列侯の墓地というのは、皇帝陵や王墓のそれと、これほどまでに異なっているものなのだろうか。

　調査が進むにつれて、考古学者たちは未曽有の大発見に接していることを実感するようになった。この列侯の墓地は、全体がこれまでにないほど良好に保存されており、祭祀のための設備も完備され、さらにほかの遺跡にはない固有の特性をも備えていた。前漢時代の列侯の埋葬制度や陵園制度を理解し復元してゆくうえで、はかりしれない価値をもつ遺跡なのである。

　俗に「漢墓は十基のうち九基はからっぽである」といわれる。その大部分が、曹操が設置した「摸金校尉」[1]の魔の手をこうむっていることに加え、それ以降もたびかさなる盗掘の被害を受けている。海昏侯墓地はその「例外」といってよいのだろうか。答はだれにもわからなかった。

　二〇一一年から二〇一三年に、調査隊はまず周辺の発掘調査に着手し、一基の車馬坑と三基の陪葬墓、二か所の門と闕《けつ》、墓園に付随する複数の建物址を発掘し、また墓園の排水施設や道路の概要を確認した。しかしこの陪葬墓からは玉製の剣のほかには土器や漆器などわずかな遺物が出土したのみであった。はたして陪葬墓は盗掘の被害に遭っており、宋代の碗が出土した盗掘坑さえあった。

　調査隊は「右を尚《たっと》ぶ」という漢代の習慣を念頭に、中心となる墓の位置を推定していた。はたして、中心となる墓はこれまで盗掘をまぬかれている可能性が高いことが判明し、調査隊は驚きと喜びに包まれた。外観としては、海昏侯の墓はその左側の夫人の墓よりもやや小さく、墳丘には灌木や雑草が生い茂っていた。

おそらく盗掘者は東側の大きな墓をより尊貴なものとみなし、やや小さい西側の墓を主墓だと判断できなかったのだろう。

前期の調査作業は三か年である。二〇一四年に海昏侯墓本体の発掘に着手した。墳丘は七メートルあまりの高さがあり、調査隊はその調査と掘削に半年もの時間を要した。

この墓の墳丘は通常の墳丘とは異なり、しっかりとした版築によって構築されていた。古代の版築は杵や木の棒を用いて粘土を突き固め、層状に土を盛ってゆくことで固く締まった土盛を構築する。土が一層加えられるたびに、逐一それを突き固めてゆくのである。重ねあわせになった土の層の間にはかなり明瞭な境目が連なるのがふつうである。発掘の過程でおこなわれた墳丘の掘削では、通常おこなわれているようにスコップや鉄鍬などの道具で掘り崩すようなことは不可能であり、かといってショベルカーで一息に掘りとばしてしまうこともできない。

何層にも固められた版築土は、各層の厚みはわずか一〇から二〇センチメートルにすぎず、その厚さも不均一であった。調査隊はまず墳丘の詳細な調査をおこなう必要があった。すなわち、墳丘を断ち割って南北ふたつにわけ、壁面

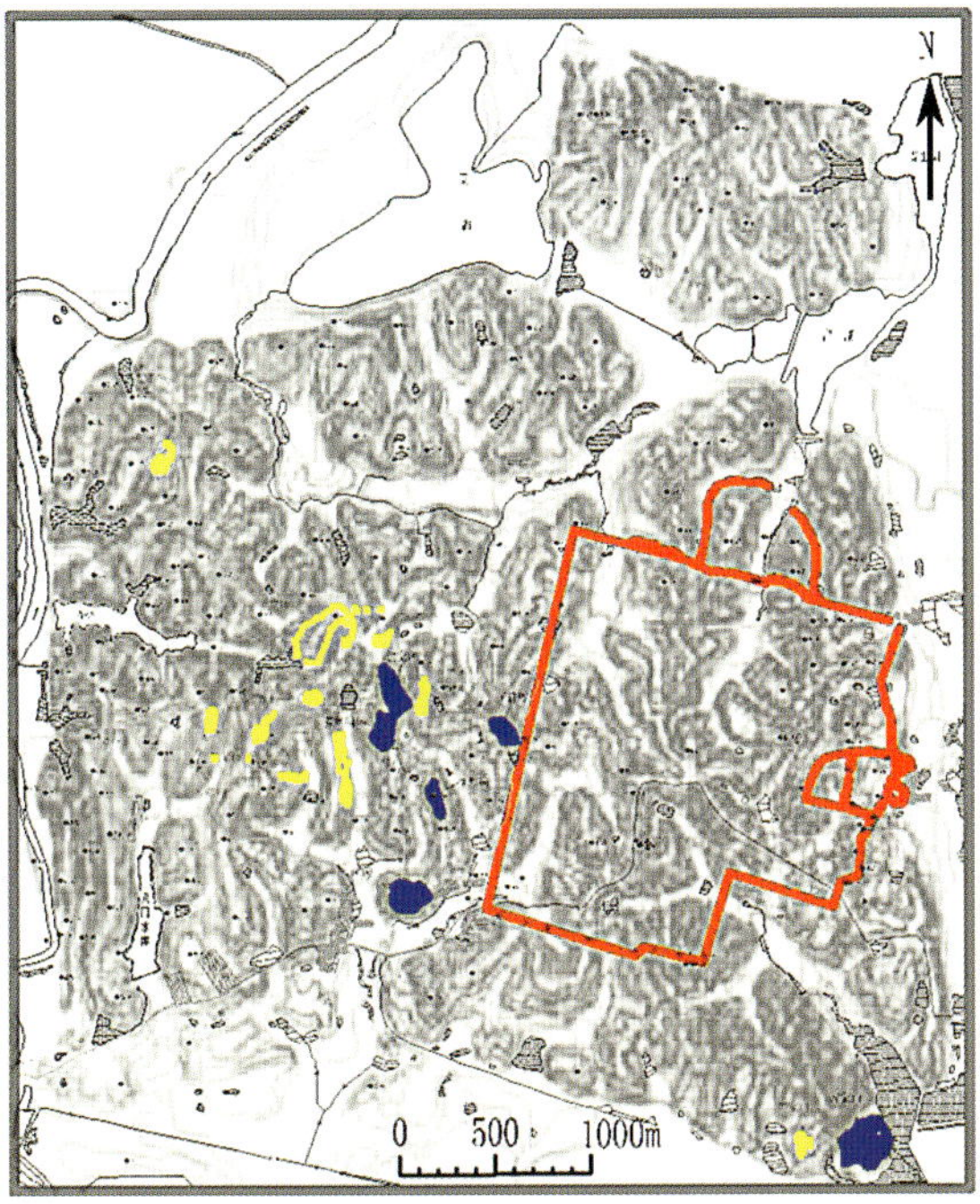

海昏侯国城址と歴代海昏侯墓園・貴族墓地・平民墓地の分布

海昏侯墓とその墓園の航空写真

にあらわれる土層の変化を観察するのである。南部では光線の状態がよいので、まず南部の調査から開始した。墳丘上の盗掘坑は、ちょうど中間に位置していた。

写真を撮影し、記録をとり、実測をし、表土を除去し、それから遺構面の精査が開始された。遺構面を精査する作業には厖大な時間が必要で、小さなスコップをつかって少しずつゆっくりと、慎重に、グリッドのなかで平らな新しい版築面を検出していく。さながら、医師が外科手術をおこなうかのようである。

版築の土層を判別するポイントは、版築面のくぼみを確認することにある。版築層の上面には、浅い円形のくぼみが残される。これは土を突き固めたあとに残る痕跡である。このくぼみのなかにはふつう細かい砂粒が残るが、海昏侯墓の場合、各層の版築面の上では、さらに稲わらの灰が確認され、うっすらとした黒い線としてその痕跡を確認することができた。

版築の層を一層はぎとるたび、写真を撮り、実測をして、詳細な記録を取らなければならない。この繰り返しで古人が墳丘を構築した過程をさかのぼってゆく。

墳丘の掘削が完了すると、今度は埋め土の掘削である。墳墓の発掘は長い時間を必要とする作業であり、映画のなかでみるようなロマンはないのだ。

調査隊は一〇メートル四方を一単位とする、正方形のグリッドを設定した。分隊を組んで同時並行で作業をおこない、グリッドの掘削面を手がかりに墓の入り口や墓壙《ぼこう》の輪郭を検出していった。その結果、おおよそ正方形の大型の墓の輪郭が検出された。東西と南北それぞれの幅が一七メートルあまり、総面積は約四百平方メートルである。

それからまもなくして、南側のスロープ状の墓道も輪郭をあらわし、墓主体部のきれいな「甲」字形の輪郭が姿を現した。中国古代の墓はふつう、墓道の数でその被葬者のランクを表示する。

四本の墓道をもつ「亜」字形の輪郭の墓が皇帝クラスのものである。その次が二本の墓道をもつ「中」字形の輪郭の墓であり、これは諸侯王の墓に相当する。列侯はというと、まさにこの「甲」字形の輪郭を呈し、第三のクラスに位置している。海昏侯墓は、このクラスに属している。

これにより、調査隊は墓壙の埋め土の掘削にとりかかった。版築の技術は埋め土にも用いられていた。掘削作業は南西隅から南東角へと進

海昏侯墓の墳丘の調査のようす

行し、掘削が進むにつれ作業はゆっくりと、さらに慎重におこなわれていった。スコップの手を休むことなく動かしてゆき、ついにそれまでとはまったく異なる土に到達した。青膏泥の層、細砂層、そして木炭の層が検出されたのである。これらの層の厚さはあわせて〇・七メートル、それぞれの厚さは均一ではないものの、その境界は明瞭であった。

考古学の世界では俗に「青膏泥の層に当たれば棺槨はもう目の前だ」といわれる。この泥層は粒が非常に細かく、粘性も大きく、水を通しにくいものの、湿気によって青灰色を呈するようになる。古人はこの泥によって墓を密閉し、空気を遮断して腐食を防ぎ、また地下の水分が埋葬主体部に侵入してくるのを防いだ。木炭層と細砂層もまた水分を防ぐ効果がある。

ついに、墓室の天井板にまで到達したのだ。その上の木炭は、天井板を黒く染色していた。数十枚の黒く変色した板が、一枚ずつ隙間なくならべられ、槨室の中身を保護していた。墓道から木室にいたると、屹立した分厚い木板に出迎えられる。その多くが半分までしか残っておらず、その先端の高さは不揃いであった。

二千年をへて、探索者が前漢時代の門戸をたたいた瞬間であった。

海昏侯墓に初めて足を踏み入れた張仲立は、陝西省考古研究院の元副院長であり、海昏侯墓調査チームの副長でもあった。彼は陝西省の乾燥土壌を引き合いに出し、これまでに経験してきた数多の発掘調査では木材の痕跡がわかればよいほうで、これほど残りのよい大型の木柱列はみたことがない、と感慨深く語った。

この重々しい木室の天板がひとつずつ取りはずされていくと、木室のなかには大量の水に浸かった状態で、ぎっしりと副葬品が詰まっており、あるものは水のなかに沈み、あるものは水面に浮かんでいた。現場からは驚きの声が上がった。

鄱陽湖の一帯には「鄡陽《きょうよう》が沈んで、都昌が浮かぶ。海昏が沈んで、呉城ができた」という民謡がある。鄡陽と海昏はいずれも漢の高祖によって設置された予章郡管轄下の十八の県のひとつである。史料によれば、西暦三一八年に予章郡で大地震が発生し、いにしえの鄡陽県と海昏県はいずれも鄱陽湖のなかに沈んでしまったのだという。海昏侯墓の状況は、この地震の影響で湧きあがった地下水のなかに浸ってしまったものと解釈された。実のところ、海昏侯墓には盗掘の痕跡があった。木室の北西には五代十国時代の盗掘坑が残されていたのである。おそ

主槨室中央の盗掘の跡

らく当時の盗掘者には水に浸かった墓を暴くだけの装備がまだなく、そのために攪乱の被害を免れたのだろう。二〇一一年に盗掘者がこの墓を再発見した際、なんと彼らは木室中央の直上に盗掘坑をあけており、蓋を開けようとしたのこぎりの跡が明瞭に残されていた。住民の通報があと一日遅かったら、海昏侯の墓はあえなく盗掘の憂き目にあっていたかもしれない。

墓室は良好に遺存していた。その四面は回廊形の区画になっており、武器庫・銭庫・食糧庫・楽器庫などの区画に区分され、そのなかから娯楽用品・古文書・編鐘・武器・酒器・日用品といった遺物が発見された。墓道口の両側には車馬庫があり、装備が完全な馬車が検出され、その中央には人払いのために銅鑼を鳴らして先導する導行車もあった。

主槨室のなかはよく整った部屋になっており、はっきりと居住用の特色を備えていた。主槨室内部の高さは二・四メートルで、東西に仕切られていた。東側は寝室であり、被葬者の棺が横たわっていた。棺のそばには衣桁があり、棺の上にはとばりがかけられ、棺の前には起居のための道具が置かれていた。これが墓室の最も中心的な施設となる。

この寝室は中国文化の「死に事《つか》うること生に事《つか》うるがごとし」という伝統にのっとっている。連枝灯・博山炉・托盤・耳杯など被葬者が生前に使用していたものがすべて備えられていた。内棺のなかには大量の黄金製品や美しい漆器が副葬されていた。

棺はクスノキを材料につくられていたが、これは漢王朝が定めた規定に符合する。海昏侯墓は全体的にクスノキとスギを多く用いており、ほかにタブノキが少量用いられている程度である。

構築・設営・防腐などさまざまな方面で細心の注意が払われており、また主槨室の門と窓の設置方式や「堂」と「室」の機能分化といった点において、漢代における墓室の居室化の過程を海昏侯墓の構造に見てとることができる。

訳注

① 曹操の「摸金校尉」については本シリーズ第三巻を参照。

三、堂に上りて室に入《い》る

二千年あまりの歳月をへて、現代と古代が交錯し、調査隊は時が止まったまま塵にまみれた古代の歴史へと足を踏み入れた。

回廊形の蔵槨のなかには、約二メートルの高さに積まれた五銖銭の山が姿を現し、調査隊を驚かせた。発掘調査に従事するもののなかで、銅銭をみたことがないものはいないだろう。しかし、ここまで高く積まれた銅銭をだれが見たことがあっただろうか。山のごとく積みあげられたこの銅銭は、中国でも初めての発見であった。しかしその後の精査の過程で世界を震撼させるいくつもの「驚き」に出会うことになるとは、だれも予想することができなかった。

青銅製香炉
（主槨室西室南部より出土）

二〇一五年一月六日、国家文物局は南昌県前漢時代海昏侯墓の考古発掘を地方当局の担当から国家事業へと引きあげ、南宋時代の沈没船「南海一号」とともにこの年度の二大重要項目として位置づけたうえ、それとともに信立祥を代表とする専門委員会を派遣し、海昏侯墓の発掘現場において発掘と整理を長期的に指導させることを決定した。

海昏侯墓の発掘チームには強力な陣容がそろった。まず代表の信立祥は中国国家博物館の研究員で、中国秦漢考古学会の会長をつとめる秦漢史研究の専門家である。副代表の張仲立は秦陵および前漢大司馬張安世家族墓考古発掘の隊長をつとめた人物であった。胡東波は北京大学文博学院の教授で、青銅器の保護と修復を専門としている。王亜蓉は中国織物の専門家である。呉順倩は荊州文物保護センターの研究員であり、中国出土竹木器保護センターの主任をつとめていた。杜金鵬は中国社会科学院考古研究所の研究員であり、ラボラトリー考古学のスペシャリストであった――つまり、中国社会科学院考古研究所・中国国家博物館・北京大学・荊州文物保護センターなどの機関が、それぞれこの一連のプロジェクトに参画し、織物製品・金属器・漆木器・簡牘《かんとく》・漆塗土器などの保存修復計画の策定と実施を担当したわけである。

調査隊はまず回廊部分の整理からはじめ、主槨室の調査は後回しにすることに決めた。回廊部分の北西角がその作業の切り口となった。昔の盗掘坑がまさにこの位置にあったため、木槨の木蓋がすでに陥没しており、損害が比較的大きかったからである。

南昌市一帯には酸性土壌がひろがっており、気候は多湿であるため、骨や有機物の保存には適さない。しかし、海昏侯墓においては、墓室内の大多数の遺物がよく保存されていた。幸か不幸か、墓室内いっぱいに地下水が浸透していたため、地下の深いところは酸素から遮断され、微生物が繁殖しにくい空間が形成されていた。こうした環境が、簡牘や漆器などの保存状態に大きく影響したのである。

回廊部分の精査が北西角から開始されると、まず「衣笥《いし》庫」と呼ばれる部屋につきあたる。「笥」とは本来、竹で編んだ小箱を指す。この部屋からは、多くの漆器が発見されている。しかし残念ながら、そこにおさめられた衣服用の小箱のなかに、衣類の痕跡を見いだすことはできなかった。おそらく墓の真ん中にあけられた盗掘坑から空気が入りこみ、繊維製品が外気に触れて劣化してしまったのだろう。そこには漆塗合子や漆皮膜の断片が大量に残されていただけであり、その堆積はなんと十六層にもおよんでいた。

「考古学発掘と盗掘とは本質的には一緒であり、考古学発掘とは耳触りのいいことばでその行為を正当化しているにすぎない」と揶揄する人もいる。しかし実際は、考古学とは遺跡の

銭庫発掘現場

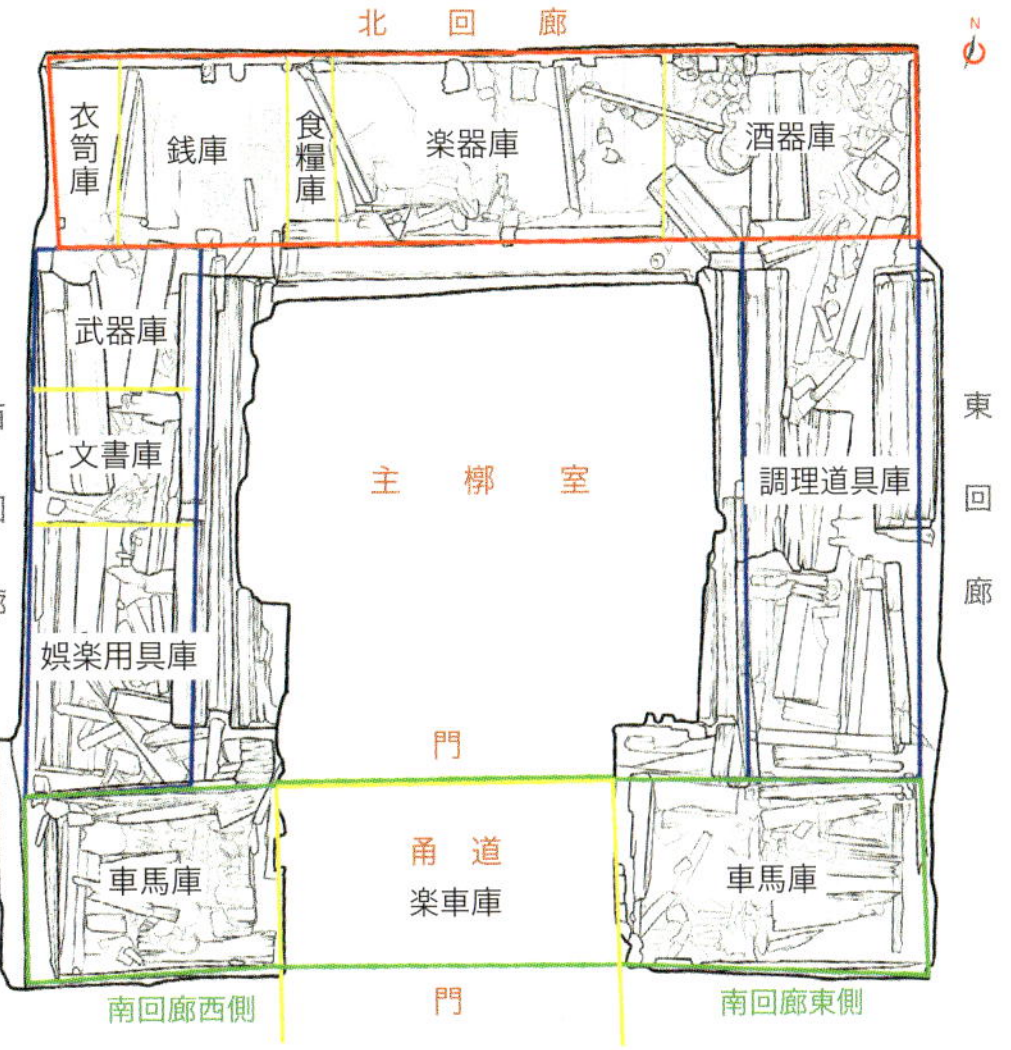

海昏侯墓回廊平面図

「保護」を念頭に置いた行為であり、盗掘とは遺跡を「破壊」する行為なのである。

遺物とりあげの第一手は、最も困難な作業だ。混沌とした遺跡の発掘および保存の現場には、もとより足を踏み入れる場所はないうえに、そもそも未精査の現場に思いのままに足を踏み入れることはできないからだ。

足の踏み場がなければ、作業スペースを確保することもままならない。考古学調査員は隔壁の上に木の板をわたし、その板の上に這いつくばって、竹べらやハケを用いて少しずつ泥土を精査してゆくのである。遺物の周りの土を除去できたら、また層の重なりにしたがって一層ずつ精査してゆく。衣笥庫では、まず竹べらをつかって漆塗合子《ごうす》の輪郭を検出し、ハケで余分な土を払いのけてゆく。その次に合子の底に一本ずつ竹べらを差し込み、器と粘土とを分離してゆく。最後に、竹べらの下に先端が鋭利なプラスチックの板を差し込み、器をとりあげるのである。

竹べらはよくしなって硬すぎず、幅は四〜五ミリメートルのものから数センチメートルのものまで、さまざまである。考古学の現場では長らく用いられている道具だ。このほかに、自作の小刀や、医者が用いるピンセットなどの道具が用いられる。海昏侯墓のような粘性の高い土壌では、「粘土分離材」と呼ばれる中性の液体を用いることがある。これは洗濯用洗剤に似た潤滑剤としての効果があり、遺物を粘土から分離するのに適している。

細心の注意を払いながら遺物をとりあげては土をいじり、辛抱強く丁寧に作業を進めてゆく。回廊の北西角の一平方メートルだけで四〜五人の考古学調査員が一月もの時間を費やし、数百におよぶ漆器の残片をとりあげた。

個々の遺物をとりあげる前に三次元の位置情報を記録し、写真を撮り図面を描き、遺物番号をつけるという手順を踏む。とりあげられた遺物はその遺物番号にしたがって、発見順に厳密に整理される。それぞれの番号は「江西省文物考古研究所文物ラベル」にひとつずつ記録さ

研究室での竹簡の精査と保存処理

れ、遺物の種類・名称・数量・出土地点・記録者・日時・座標などが記載される。また、遺物をとりあげた際には、専門家がその場で遺物台帳に形状・大きさ・残存率・文様などの情報を記入したうえで、臨時の保管庫に移される。

木笥内の疑似冬虫夏草（北蔵槨より出土）

座標の欄には、遺物が発見された緯度・経度・標高の三つの数字が記録され、コンピュータ上のデータベースに入力され、後日副葬品の配置を復元した図面を作成するのに用いられる。さらにはそれをもとに、一基の墓全体の埋葬状況が復元されることになる。

調査開始から三か月が経過し、調査員らはついに最初の完形の遺物を回収した。それは漆塗合子であり、なかには泥にまみれた冬虫夏草②が入っていた。

衣笥庫のなかの織物はすでに損壊してしまっていたが、そこから出土した付札が、我々に二千年前におさめられたものについて教えてくれた。付札は、上がまるく下が方形で、上方には孔があけられ、この孔を利用して漆箱にかけられたものと考えられた。札には漢代に多く用いられた文字——隷書が記されており、小箱のなかの絹織物の数や、襟元と裾口の色彩といった情報が記載されていた。漆器のなかには、銀の縁飾りをもつ三子奩《さんしれん》もあった。これは、化粧道具を収納する容器で、やや大きな箱（母奩）のなかに、三つの小箱（子奩）を入れたものである。その小箱のひとつには、歯の細かさがそれぞれ異なる三枚の櫛がおさめられていた。

北回廊の調査は、四か月かけてようやく完了した。二〇一五年五月に調査隊は墓の内壁が崩壊しないように、これを保護する金網を設置した。六月から七月にかけて、東回廊と西回廊の精査にとりかかり、そのあと最後の南回廊の精査にとりかかった。

青銅「昌邑籍田」銘鼎（主槨室東室南部より出土）

遺物は一点ずつとりあげられ、記録された。こうして、一基の前漢代の列侯墓が、まるで印画紙が現像液のなかで鮮やかな画像を浮かびあがらせるように、生き生きとした姿をみせはじめた。回廊のなかで、北蔵槨には銭庫・食糧庫・楽器庫・酒器庫があった。西蔵槨には北から順に衣笥庫・武器庫・文書庫・娯楽用具庫があった。東蔵槨の主な施設は調理道具庫（「食官」庫）であった。南蔵槨は甬道《ようどう》の東西両側それぞれに車馬庫があり、中央の甬道部分には楽車庫があった。

　北蔵槨の銭庫からは、十トン以上もの五銖銭が出土したほか、酒盛り用の漆塗土器、青銅製の雁魚灯や蒸留器が出土した。蒸留器のなかには二千年以上もの昔のクリ・クロクワイ・ヒシなどの植物の果実が入っていた。西蔵槨からは大量の青銅製武器や漆塗木器、千点にもおよぶ竹簡や木牘が発見された。そのなかの高坏形の燭台には、「南昌」の二文字が刻まれていた。これはおそらく、南昌という地名に関わる最古の考古資料だろう。

青銅壺（東蔵槨調理道具庫より出土）

　東蔵槨からはいくつもの調理具や供膳具が出土した。このなかには鋗《けん》・壺・樽・鼎・釜などの青銅器や、机・耳杯・勺などの漆塗の木器が含まれている。また時間を計るためにつかう銅《どう》漏《ろう》や、度量衡の一種である銅権（分銅）などがあった。青銅器のいくつかには、「昌邑食官」や「籍田」といった銘文が刻まれていた。

　二〇一五年十月、調査隊は主槨室の発掘に備えて、クレーンと作業台の設置作業をはじめた。十一月十四日、主槨室を発掘した。

　主槨室の構造は、人々の予想をはるかに超えていた。南北に通る甬道によって主槨室は東西の二区画にわかれ、甬道の両側には衝立が設けられ、その南端の出口は墓道につながっていた。専門家らは、西側は主人が読書し客人に接見する空間、東側は日常生活の空間をかたどったものと推測する。被葬者が生前に用いたものが埋葬時におさめられ、槨室の構造は全体として被葬者の生前の居所の「縮小版」として設計された可能性が高い。これは、漢代における墓室の邸宅化や副葬品の生活用品化と明確に対応しており、古代の儒家の「死に事《つか》うること生に事うるがごとし」という喪葬観念を具体的にあらわしたものといえる。

　しかし理解しがたいのは、被葬者の棺を槨室中央に配する通則と異なり、それが主室の北東角に安置されていたことである。これは一七〇〇年あまり前の件の地震によるものであろうか。それとも墓を浸漬した地下水のために棺が浮かんで移動したのだろうか。あるいは埋葬に際して何らかの意図があって通例と違えたのだろうか。チームではこういった推測がなされた。

　これについては、筆者にも考えがある。古来より葬送には、必ず「羅盤」をつかって方位を定めた。先天八卦《せんてんはっか》の考え方では北東を「震《しん》」といい、東方から日がのぼることを象徴する。後《こう》天八卦《てんはっか》では北東を「艮《こん》」といい、これは山を象徴している。墓室の中軸は甬道にあり、これが主室を東西に二分しているから、甬道の軸線上は確かに死者の「寝床」に適さない。そうすると、棺の場所に風水上の意図がまったくなかったわけではなさそうである。さらに、東室は起居の空間であり、棺の設置場所は墓室内部の空間配置とも完全に対応しているのである。木槨の床板の盗掘坑付近には、金餅によって圧迫された円形の痕跡があり、これは肉眼でも確認することができた。調査スタッフは、この上にスポンジをかぶせ、そこを歩く際に踏まないよう目印とした。盗掘坑付近では、散乱していた二個の金餅が回収されており、盗掘者が一部の遺物を持ち去った可能性が考えられるため、ひきつづき注意して調査と追跡を進める必要がある。

主槨室はまさに宝庫の名にふさわしかった。主槨室内の宝物は、回廊部のそれよりもさらにすばらしいものであった。二〇一五年十一月十四日、孔子の生涯が描かれた屏風、馬蹄金、博山炉、青銅灯などが出土した。十一月十七日には二箱の金餅と二十数枚の馬蹄金が発見され、十八日には二個の玉佩《ぎょくはい》が出土した。玉佩の一方は彫刻に龍と鳳の図案を用いた韘形《しょうけい》佩であった。現場報道は、ほとんど毎日世界に仰天のニュースをもたらした。

二〇一五年十二月二十日午前八時半前後に、主棺の外棺の蓋がとりはずされた。外棺の長さは約三・四メートル、幅は約一・六メートルであった。内棺の蓋上からは漆絵が現れ、そこに

棺に覆いをかぶせ研究室に運びこむようす

は生き生きとした朱雀の立ち姿が描かれていた。外棺と内棺の間からも、大量の馬蹄金、玉器、漆塗の竹木器が出土した。洗浄後の金餅はきらびやかに光を放ち、重さは二三〇グラムから二六〇グラムで若干のばらつきがあるものの、いずれも漢代の一斤（約二五〇グラム）の重量と大きく変わらない。

　最も人々を興奮させたのは、棺付近から出土した二個の玉製の印であった。印面は一辺一・七センチメートルの方形で、亀形の鈕《ちゅう》がつく。

「昌邑九年造」と記された漆笥（西蔵槨衣笥庫より出土）

ひとつには文字が刻まれていなかったが、もうひとつには「大劉記印」の四文字が刻まれていた。この玉印は被葬者が確かに劉姓の皇族であることをあらわすにすぎないものの、墓中から出土した「昌邑九年造」の刻銘をもつ漆器と「臣賀」と記された金餅の存在をあわせて考えると、被葬者は初代海昏侯、すなわち故昌邑王劉賀であると、ほぼ断定できる。

　広大で明るい収蔵庫のなかで、四方に積んだレンガとビニールシートで大きな貯水槽をつくり、外棺板はそのなかに置かれた。きれいな水に浸し、酸素が遮断された密封状態を実現する。

　二〇一六年に入ると、海昏侯墓のなかで未開封の部分は内棺のみとなった。試しになかをのぞいてみると、内棺の保存状況は予想以上に良好で、絹織物の痕跡もあった。漢代の葬俗に照らすと、被葬者は季節ごとの衣服を身にまといさらにその上から布団がかぶせられているはずである。絹織物は非常に脆弱である。二千年前の絹糸は、すでに繊維が劣化しており、もしそのまま棺を開ければ、酸素と紫外線によりたちまち脆弱化して粉となり、まさに映像がフェードアウトするかのように消滅してしまうだろう。このため、調査チームは現場での精査をあきらめ、内棺をまるごと梱包し、研究室に持ち帰って調査することを決定した。

　内棺の開封は、前漢海昏侯墓発掘調査のクライマックスであり、人々を悩ませた多くの謎をひとつずつ解きほぐしてゆくことだろう。

訳注

② 漢代の冬虫夏草については本書8章を参照。

四、最後の密室

歴史上、海昏侯墓のように一度の発掘調査が世界中の耳目をここまで集めたことはなかったかもしれない。長編ドラマの最終回放送のように、人々は最後の答が舞いこむのをせつに待っていた。

主棺の南東角で、調査員が十個の青銅製の鼎《かなえ》をとりあげた。

鼎はもともと食物を煮るための道具であった。伝説では夏王朝の創始者の禹が、かつて全国の九州から集めた銅をもとに荊山の麓で九鼎を鋳造し、全国統一の象徴とした。これにより「鼎」は一般の煮炊き具から伝国の宝器へと変身した。国が滅びると鼎は移動し、「天命」と「政権」が移ったことを象徴した。夏王朝が滅んで商王朝がおこると、九鼎は商王朝の都の亳《はく》京へ、商王朝が滅んで周王朝にかわると周王朝の都の鎬《こう》京へと移動した。商王朝から周王朝にいたるまで、王朝を創始し、あるいは都を定めることを、「定鼎」といった。周の礼法では、さまざまな階層の貴族が用いる「鼎」や「簋《き》」、そして楽器の種類や保有数には厳格な規定があり、それによって整った「礼楽制度」を形成していた。簋は丸い口縁、ふたつの取っ手をもち、商代から春秋戦国時代にかけて流行した。古代において、ごはんやあつものを盛りつけた供膳具であり、また利権や等級を象徴する重要な礼器となった。周の制度では、天子は九鼎《きゅうてい》八簋、諸侯は七鼎六簋、大夫は五鼎四簋、元士は三鼎一簋を用いることとされていた。このことから、「九鼎八簋」は中央政権の象徴でもあった。春秋時代には、楚の荘王が周の定王の臣下である公孫満に、鼎の大きさや重さをたずねたという。このことから「鼎の軽重《けいちょう》を問う」ということばは、国家権力をうかがうことを象徴することばとなった。

青銅鼎（主槨室南東部より出土）

春秋戦国時代になると、周王朝がしだいに衰え、宗法の秩序は大いに乱れ、「礼崩れ楽壊《みだ》る」状況におちいった。貴族から平民にいたるまで、生活と葬送において、礼を逸脱することがふつうとなってきた。「鼎の軽重を問う」諸侯王は、もはや楚の荘王だけではなくなっていた。

秦の武王四年（前三〇七年）、秦は韓の要衝である宜陽を占領した。武王は大いに喜び、任《じん》鄙《ひ》と孟賁《もうほん》という勇士を連れて宜陽へと巡視に向かい、その足で洛陽に直行し、周王室の宮殿を「参観」した。周の赧王《たんおう》はやむをえず使者を派遣して武王を郊外で出迎えた。武王は太廟に入ったあと、明堂のなかで九鼎の周囲をめぐりながらしげしげとながめると、それが欲しくてたまらなくなり、ついに大胆にも「雍」の字が書かれた鼎を指さし、「これは雍州の鼎、すなわち秦の鼎であり、私が咸陽へもって帰るべきものだ」といったのである。鼎を守っていた官吏は色を失って大いに驚き、慌ててこれを制止した。「周の武王が鼎をここに定めて以来、これまで一度も動かされたことはありません。鼎ひとつひとつには千鈞の重さがあり、持ちあげられる人などいません」。このときの秦の武王にとって、衰退した周王室などもとより眼中になく、鼎をかかえると、ありったけの力を振りしぼって、地面から半尺ほどかかえあげ、そのまま歩きだそうとしたまさにそのとき、不意に手から力が抜けて鼎を地面に落とし、ちょうど自分の右足にぶつけてしまった。その結果、脛の骨が折れてしまい、血が止まらず、夜更けにいたると意識を失いそのまま死んでしまった。一説によると、秦が周王朝を滅ぼした二年後、九鼎は咸陽に移送されたという。しかし始皇帝が六国を滅ぼして天下を統一するまでに、九鼎はその行方がわからなくなってしまっていた。九鼎は泗水の彭城《ほうじょう》に沈んでおり、始皇帝は人を遣ってこれを捜索させたが、ついに探り当てることはできなかったともいう。しかし後世の帝王も、九鼎のもつ権力の象徴としての意義を重視し、周の則天武后や宋の徽宗が九鼎を改めて鋳造させた。一九一二年に中華民国が成立すると、陸軍は「勲章章程」を定め、「九鼎勲章」「虎熊勲章」「獅子勲章」の三種を制定し、それぞれの勲章を九階級にわけた。

　中国語のなかには、鼎と関係のある語句が豊富にある。「問鼎」「定鼎」ということばのほかに、帝王の位は「鼎命」と呼ぶし、帝王の大業を「鼎業」という。国家と国運はそれぞれ「鼎祚」「鼎運」といい、三公の位を「鼎司」と称し、三公をはじめ天子を補佐する大臣を「鼎輔」「鼎台」「鼎臣」などと呼ぶ。科挙殿試の成績の最上位である一甲の状元・榜眼《ぼうがん》・探花《たんか》は「三鼎甲」

青銅提梁尊（北蔵槨東部の酒器庫より出土）

青銅鼎

といった。権門勢家《けんもんせいか》は「鼎姓」「鼎族」「高門鼎貴」などと呼ばれる。卓越した才能をもつことを「鼎能」、名声がとどろくことを「大名鼎鼎」という。三者が並立するさまを「鼎足」、変革を「鼎新」と呼ぶ。『易経』では「木」から「火」へと入ることを「鼎卦《ていか》」というなど、枚挙にいとまがない。

さて、鼎が十個あるとは、いったいどういうことだろうか。信立祥の推測では、これは七つの鼎と三つの鼎がセットになっている、もしくは五個と五個のセットであるかもしれないという。最終的な答えが出るのは、遺物の補修作業が完了するのを待たなくてはならない。

棺が開封される前夜、被葬者の身分に関する推測は佳境に入っていた。

張仲立はメディアに対し、このように述べた。「この墓は、多くの部分で侯の身分と一致し、それを逸脱することはない。しかし被葬者はさらに自らの身分を誇示せんとするかのようであり、富や礼器などの細部には自分がほかの諸侯とくらべて特別であることが明示されている。出土遺物からみれば、被葬者が一般の諸侯よりさらに富裕であることは明らかだ。『周礼』の礼楽制度に対する考証にもとづけば、「四堵《しと》は帝、三堵は王」の制度と解釈される。古代の編鐘や編磬《へんけい》は十六個で一セットを構成しており、これらをひとつのスタンドに吊るしたものを「一堵」と称した。海昏侯墓では三セットの楽器が出土しており、被葬者が侯よりも高い地位にあったことが明らかである」。

李存信研究員はこの墓を「侯の規格、王の規模、帝の規則」をもつものと位置づけた。彼がとくに注目するのが、青銅の提梁卣《ていりょうゆう》である。「卣」は酒器の一種である。海昏侯墓から出土したものは、西周代に製作されており、漢代にはすでに古物となっていた。このことから、「王侯クラスが商代や周代の器物を所有できたとは考えにくく、皇帝だけが用いることができたはずだ」と理解する。

また別の専門家は、主槨室の周囲をめぐる通廊は、もともと「黄腸題湊《こうちょうだいそう》」で構築される予定だったのではないかと推測する。黄腸題湊は漢代に比較的多くみられる埋葬施設であり、槨室の四方にカシワの木を積みあげて箱形の構築物をつくる。これは金縷玉衣《きんるぎょくい》・梓宮《しきゅう》・便房・外蔵槨などとともに帝王陵の重要な構成要素のひとつである。朝廷の特別な恩賜により、個別の功臣や貴戚も使用することができた。あるいは、被葬者の家人や臣下が墓を造営するときにその準備をしていながら、結果として朝廷の許可をえられず、そのためここが空白になったのかもしれない。

いわゆる「題湊」の構造上の基本的な特性は、第一に、木材を平行にならべたものを一層ずつ積みかさねており、枘《ほぞ》や枘穴を用いないのが一般的である。第二は「木口がみな内側を向いている」ことで、題湊の四壁に積みあげられた角材はすべて同じ側の槨室の壁板と垂直にならんでおり、内側からみると四方の壁はどれも木材の木口面がみえるのみで、壁に沿って薪を積みあげたかのようである。「題湊」の名称はこのような特異なようすから派生して名づけられたものである。題湊は棺槨の周囲に積みあげられ、囲いを構築し、その上にさらに頂板をかぶせる。このようにしてひとつの部屋が構築され、その外側にさらに便房がつくられる。

『漢書』「霍光伝」には、「霍光が亡くなると、梓宮・便房・黄腸題湊各一具、モミの木の外蔵槨十五具が下賜された」とある。唐代の学者である顔師古はこの文章に注釈をつけ、漢代末から三国初期の学者の蘇林の解釈を引用して「カシワの木の黄色い芯を棺の外側に積みあげることから、黄腸という。また木口がみな内側を向くことから、題湊という」と述べている。もう少しかみくだいて説明するならば、「題」とは頭を意味し、人の頭を指す単語であり、転じて文章の題目のことを「標題」「題目頭」などという。「湊」とは、木材が積みかさなってぴったりと接していることを意味する。「黄腸」とは、表皮を取り除いたカシワの木である。カシワの木材の断面には黄色の芯があるため、上述した「カシワの丸太の黄色い芯を棺の外に積みあげる」いう意味になるのである。

数々の痕跡はほとんどすべてが、調査隊の念頭にはやくからあったひとりの人物を示していた。最初の手がかりは車馬坑だろう。漢代の制度では、皇帝と諸侯王だけが本物の車馬の陪葬

木牘（「南藩海昏侯臣賀、昧死して皇帝陛下に再拝す」などの文字がある。奏牘の類であり、被葬者が皇帝や皇太后に上奏した上奏文の副本である。）

をおこなうことができたが、紀元前三三年以降は、諸侯王の車馬の陪葬が禁止された。この年代を下限とし、海昏侯家の家系図やその時系列をあわせて推論すると、墓主の候補者として初代海昏侯劉賀の名をあげることは容易である。さらに、漆器や青銅器の銘文に「昌邑九年」という文字があらわれたとき、被葬者が二代目昌邑王（最後の昌邑王でもある）かつ初代海昏侯の劉賀であることが、基本的に確定された。

　張仲立はたとえていう、「考古学調査は犯罪調査のようなものだ。終始探求という楽しみに浸っていることができるのだから。毎回いつも新発見があり、新しい魅力がある」と。

「劉賀」の名前が刻まれた玉印

「謎解き」に五年もの歳月をかけ、調査隊の見解はおおよその一致をえた。あとは「最後の密室」を開封し、ともすると大きな懸念がなくなってしまった「答」が明かされるのを待つのみである。

　内棺の開封は研究室のなかで行われたが、これまでにない問題に直面することとなった。

　槨室北東角が崩れてしまっていたために、少なくとも〇・五メートルの高さが本来あった内棺の空間が押しつぶされ、とても薄く平らな面になってしまっていた。いくつかの個所では棺の蓋と底板がくっついてしまい、なかの遺物が押しつぶされて変形してしまっていた。これをとりあげる前に、遺物の本来の配置を把握しておく必要があった。

　棺の蓋がついに開かれた。肉眼観察と機器による探査の結果からみて、棺のなかの遺物の整然とした配置が明らかになり、棺の最も南側に金貼りの漆塗合子があった。被葬者の頭位は南を向き、遺骸のなかほどには帯鉤や佩玉、そして「劉賀」の銘文が刻まれた玉印などがあるのがわかった。ここにいたって、この墓の被葬者が初代海昏侯劉賀であるという答がはっきりと提示された。劉賀の遺骸の下には金糸で綴ったガラス製の敷物が敷かれており、その上には五個一列の金餅が少なくとも六列にわたって置かれていた。いくつかの遺物は圧力により棺蓋にめり込んでしまっていたが、それでも大多数の遺物は棺のなかにあった。被葬者頭部の位置には眼鏡ケースよりやや大きい直方体の青銅製合子があり、これも棺の蓋に貼りついていた。既往の発掘事例では、頭部側の副葬品箱の多くは漆塗の木製品であり、青銅製品は少ない。そのため、なかにおさめられた遺物に関してはなかんずく期待がかけられた。このほかに、棺の蓋からは漆塗合子の表面の装飾や外側の象嵌物などが確認された。

　海昏侯墓のラボラトリーチームは、棺内の副葬品のだいたいの位置を把握し、調査の方針を確定させたのち、ようやく遺物のとりあげ作業に着手した。

　調査員らは、遺物のとりあげの過程で、被葬者の遺骸の上に七枚の璧《へき》が置かれており、それぞれ被葬者の顔・口・胸・腹・股下部にかぶせられていることを発見した。顔の上に置かれた大きな璧は、いわゆる「玉覆面」に嵌め込まれていた。被葬者の頭部は玉覆面ですっぽりと覆われていた。璧の孔を通して、被葬者である劉賀の歯をのぞきみることができた。歯の上の方には小さな鼻骨の痕跡を確認することができ

金餅（一）

金餅（二）

た。漢代の葬俗では、口のなかに琀玉《かんぎょく》を含ませるのが一般的である。したがって、劉賀の歯の間にも琀玉を確認できる可能性は大きい。専門家は、劉賀の遺骸の歯は比較的よく残っていると話す。歯ならびからみると、劉賀は疾病を患っていたことがわかる。現在、この歯は中国社会科学院考古研究所と復旦大学に送られ、DNA検査をおこなっている。検査によって、劉賀の生前の病理や身体の状態などがわかるのではないかと期待されている。同時に遺伝子情報の取得によって、四号、五号墓の被葬者との関係をさぐることも可能となる。これまで専門家たちの間では四号、五号墓の被葬者について見解の相違が大きく、ある人は劉賀の子供であるといい、ある人は劉賀が愛した妾であるという。その最終的な答えは、DNA検査の結果を待ってようやく判断することができるだろう。

　江西省文物考古研究所の徐長青所長によれば、現在までに考古学的に発見された周代の完全なかたちの玉覆面は、玉器を絹織物に縫いつけたものが大半であった。これに対し、海昏侯墓で発見された玉覆面は、長方形の漆塗箱のかたちを呈し、これは国内で初めての例だという。

金縷玉衣

内棺の海昏侯劉賀の身体が横たえられていた場所からは、大量の玉製品が発見された。そのなかには玉環や玉帯鉤《ぎょくたいこう》などがあり、その多くに沈金や鍍金が施されていた。これは海昏侯墓の一連の遺物のなかで、最もできのよい玉器群である。

　被葬者の劉賀は、人々が推測したような金縷玉衣をまとってはいなかった。しかし、体の下には貴重な金縷ガラス（瑠璃《るり》）の敷物があった。このガラスの敷物は、長さ約一・八メートル、幅〇・六五メートル、金で包んだ糸によって数百枚もの長方形の小さなガラス板を綴っていた。ガラスの敷物は内棺底部の金餅の上に敷かれていた。専門家がいうには、瑠璃は前漢時代においては非常に貴重で、皇室や宮廷だけが用いることができるものだったという。当時の規定に照らせば、皇帝の認可でもなければ、劉賀が金縷玉衣をまとうことはできない。融通を利かせて金縷のガラスの敷物を敷いているのは、盛大な葬送を行おうとしたからである。ガラスそのものは南方地域の墓の考古発掘のなかではめずらしくないものの、金縷ガラスは全国の考古発掘のなかでも初めての例であった。

　内棺のなかの金餅は五列が発見され、一列は二十個からなっていた。これらの金餅はそれまでに発見された金餅と大きさや重さが一致する。これにより、海昏侯墓出土の金製品は、これまでの三七八点に加えて、少なくとも百点以上が増加することとなった。

　劉賀の死因は、人々の間で熱い議論がくりひろげられた話題のひとつで、これもまた諸説粉々としていた。ある人は劉賀がうつ病で亡くなったといい、ある人は身体に疾病を患っていたのだという。DNA検査によって劉賀の死亡の謎が解明されるのを待ちわびていたとき、さらなる発見が人々の興味をひきつけた。五月七日、研究室の考古学調査員が明らかにしたところでは、劉賀の遺骸の腹部に相当する位置から、未消化の「マクワウリの種」がみつかったのだという。ウリの種の形態は、現代の南昌地域一帯にふつうにみられる「梨瓜」のそれによく似ていた。梨瓜とマクワウリはどちらも夏の果物であり、これにより劉賀が亡くなった季節は南方の灼熱の夏季のことであったことがわかる。

食糧庫のなかから出土したマクワウリの種

それは前漢宣帝の神爵三年（前五九年）の夏のある日のことであった。灼熱の江南は、まるでせいろで蒸されたかのような酷暑であった。門の外の樹の上では、セミが騒々しく鳴きわめいていた。そんななか、召使がよく洗って切りわけたマクワウリをさしだし、海昏侯劉賀はその数切れを口に入れた。種も吐き出されることなく嚥下され、口のなかにさわやかな感覚がひろがってゆく。江南の卑湿な風土のため、彼の身体は重い風土病に蝕まれていた。この種の病は、当時「痿症《いしょう》」と呼ばれ、ゆっくりと彼から動く力をうばっていった。あるいは、彼は坐具に身をあずけて一巻の書を手にとり、それにしばらく目をやると、思わず眠気が押し寄せて、身体はゆっくりと崩れ落ちてゆき、意識はしだいに薄れ、そしてそのまま目覚めなかったのかもしれない。またあるいは、唐突に締めあげられるような腹痛を覚え、食べた瓜によって下痢を起こし、脱水症状を起こしてしまったのだろうか。これは日常生活においてよくみる光景で、現在であればさしたる重病にもならないが、その当時は処置しきれなければ命にかかわるような病であり、侯王府中の医師は上から下まで大慌てだったが、結局最後には力およばず亡くなってしまったのかもしれない。

おそらく彼が「逝った」ときには、重篤な疾病の兆候がなかった可能性が高く、長い間鬱屈した思いを抱えたまま、戦々恐々としつつ、凄惨な心境ですごしていたのかもしれない。彼の三十四歳という年齢に比して、彼の相貌はたいへん老いが刻まれてみえたことだろう。彼は海昏侯国での生活の四年間、自身の都城と府邸を築き、また同時に自分の「寿陵《じゅりょう》」を造営した。都城と府邸は後代に引き継がれ、交代をしなければならなかったが、都城西の丘陵上は、永遠に彼自身に帰属する最後の場所であり、そこに思いを託すだけだったのかもしれない。あるいは墓園が落成したその年に、失意の君の命の最後のひとしずくが、燃え尽きてしまったのであろうか。

五、彩色文様がものがたる信仰

一羽の「雀」が、海昏侯劉賀の内棺の蓋にとまっていた。

棺の蓋には漆で絵が描かれており、雀はそこにいた。その周囲には雲紋がまばらに描かれていた。

朱雀ではないだろうか――少なからぬ人がそんな推測をした。

古代の習俗では、青龍、白虎、朱雀、玄武の「四神」は往々にして同時に描かれることが多く、また決まった方位に配置されることが多い。なぜ「朱雀」だけが描かれており、他の神格が確認できないのだろうか。

古代中国の四神（東方の青龍、西方の白虎、南方の朱雀、北方の玄武）

中国政法大学の黄震雲教授は文章のなかで、この雀は朱雀ではなく「朱鳥」といい、霊魂が天に昇るさまをあらわしているのだと指摘する。賈誼《かぎ》は「惜誓《せきせい》」のなかで、「朱鳥を飛して先駆せしめ、太一《たいいつ》の象輿《ぞうよ》に駕す。蒼龍は左驂《ささん》に蚴虬《ゆうきゅう》たり、白虎は騁《は》せて右騑《ゆうひ》となる」と描写している。現代語に訳すと、「朱鳥がたかく飛んで先導する。太一の象牙の車にのってゆっくりと走る。蒼龍はうねりながら左でそえ馬となり、白虎ははしりながら右のそえ馬となる」となる。これはすなわち、朱鳥は単独で先駆する鳥であり、天に昇る道程を先導する役割をはたすのだという。棺の蓋には雲紋が描かれており、これはまさに昇天のようすをあらわしている。文章は漢墓の画像に依拠しながら、「朱雀と朱鳥の最大のちがいは、朱雀は尾を開いているのに対し、朱鳥は尾がわかれていないことにある」、そして「これは南昌海昏侯墓にみられる鳥と造形の上で完全に一致する。単独で描かれる鳥であり、その形態もよく合致する。これは朱鳥である。……絵画のなかでそれが飛翔する方向をみると、朱鳥は南に向かっているのではなく、天に向かって飛んでいるのである」という。さらに干宝『捜神記』の「南斗は生に注ぎ、北斗は死に注ぐ。凡そ人が受胎するは、皆な南斗より北斗を過ぐ。祈求あるところは、皆な北斗を向く」という一節を引き、この朱鳥が上に向かう姿は、まさに北斗に向かって飛んでいるさまをあらわしており、その目標は当時の人々が心に描いた「天国」であったと論じた。

この説明には一定の説得力があり、朱鳥による先導という解釈は、棺蓋にただ一羽の鳥が描かれているという状況と的確に符合する。

それでは、乗輿の左右の蒼龍と白虎は、いったいどこにいるのだろうか。筆者が提示した資料の限界から、さらに踏み込んだ解釈はできないでいる。しかし文章の最後に、ある一句が添えられている。すなわち、「もし朱鳥を朱雀と解釈し、四方の星座へと思考を向けてゆくのなら、それは図像の主題からかけ離れすぎている」。もし、「太一の象輿」が単に神話のなかで描かれたものにすぎないというのならば、「蒼龍」と「白虎」も神話のなかの幻影であり、実物にあたってそれを考証するすべはない。それでは、視野を現実の車に向けてはどうだろうか。海昏侯墓で出土した車馬には、同じような霊魂を乗せて昇天するという思想はこめられていないのだろうか。

そこで注目すべきは当盧《とうろ》である。

海昏侯劉賀の棺蓋に描かれた「雀」

「当盧」は「馬面」であり、馬の頭部を飾る装飾品の一種だ。頭絡の鼻革と額革との交差点にとりつけられ、ちょうど馬の眉間から鼻梁に相当する位置にあてがわれる。ここは馬の最も目立つ重要な位置であり、したがってここの装飾品には特別な意味がこめられる。

海昏侯墓の当盧が出土するや、そこに施された精巧な装飾は多くの人々を驚かせた。その文様の解釈に関する文章は数多く発表された。ウェブコラムの「囲観海昏侯」では、二本のコラムが相次いで発表された。そのうちの一本は「四神のほかにも神はいた」と題されていた。コラムはまず前提となる知識の紹介からはじまり、来訪者に「四神とは青龍、白虎、朱雀、玄武を指し、これらは古代神話のなかの四方をつかさどる神であって、東が青龍、西が白虎、南が朱雀、北が玄武に相当する。四神はまた四象ともいい、漢代以降、四象は道教が信奉する神霊として変化をとげ、したがって四象はまた四霊とも称される」と説明する。そののちに当盧の画像をつぎつぎにあげ、「それらの意匠は四神に取材し、龍、虎、雀、玄武があらわされている。その構図は生き生きとしているが、厳密に定められているのだ」と指摘する。

龍は二体の双龍であり、からみあった交龍で

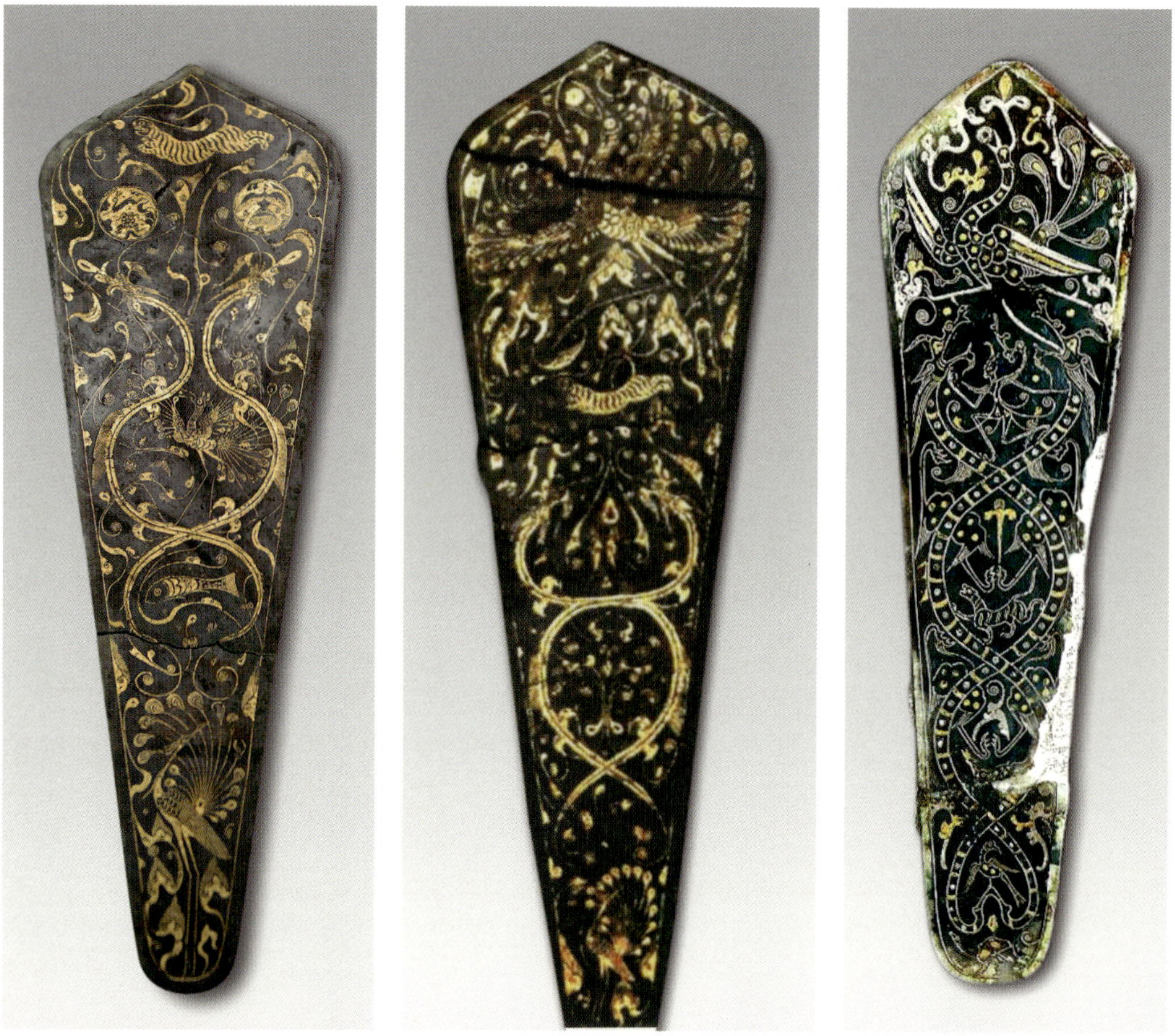

海昏侯墓の車馬坑から出土した三個の当盧。
いずれも柳葉形・青銅製で、文様中に白虎の図像がある。

ある。その間には龍を御する龍使いがいて、その四肢は長く体幹は細く、筋肉の盛りあがりはみせないが、その力は絶大であり、翼は長く龍の動きにしたがって一気に飛翔することができる。これが青龍であり、東方の神龍だ。

飛ぶ人の下には虎がいる。虎は頭を高く振り上げ、長い尾は鞭のようで、二体の龍に足をかけており、躍動感にあふれている。これが白虎であり、西方の神虎だ。図像をひとつ隔てたところに鳥がおり、二体の龍の尾の先で凛然と立っている。くちばしは鋭く尾は長く、二枚の羽は半ば開かれており、まさに飛び立たんとしているかのようだ。これが朱雀であり、南方の神海鳥だ。

最も下に位置するのは一匹の大きな亀だ。亀がいるということは、これは疑いようもなく玄武であろう。玄武のなかには蛇をともなわず亀のみをあらわした例もあり、この亀もまた単独で図像の一角をなしていたようだ。この玄武は、北方の神である。

コラムは続いて四神の配列のなかに、ひとりの「侵入者」が出現していることを指摘する。それは二本の角がそびえたつ、はっきりとしたまだら模様をもつ鹿であり、走りながら首を振り向けるさまは、生命感にあふれている。その位置は虎と鳥の間にある。

　分析ののち、コラムでは「四象の起源は非常に古く、六千年前にさかのぼる可能性がある。しかし最初そこに玄武はあらわれていなかった。玄武があらわれる前には、あるいは蛇が、あるいは亀が、あるいは鹿が、その役割を担っていた。この鹿はのちにいうところの麒麟であり、麒麟が玄武にとってかわられたのちは、麒麟もまた中央の神に移り変わり、このようにして第五の方位神が出現したのだ」と述べられている。そして麒麟は黄色だったにちがいなく、五行説のなかの中央、すなわち土にあてられていたのだと述べている。「后土は、すなわち人が足をつけて立つところであり、そこに守護神を想定することは、理にかなったことである」と考えたのである。

　二本目のコラムはそのたった一日ののちに掲載され、「当盧に新しい神、出現」と題されていた。コラムは新たに公表された別の当盧をもとに議論を展開しており、「当盧をくらべると、異曲同工の造形をみてとることができる。外形や技法、文様の風格や題材が同じであり、同じ工人の手によるものであろう。しかし文様の取材する場面には若干の差異があり、同じように四神をあらわしてはいるが、その四神は完全に同じというわけではない」という。ここで述べられているちがいはどこにあるのだろうか。まず、新たに発表された当盧には日月の図像があらわされており、日月の神も描写されている。上側左寄りの位置が月であり、月のなかには飛び跳ねるウサギとカエルが見える。右側が太陽であり、そのなかには羽をひろげて飛ぶ鳥が見える。

　つぎに、これまでにみた当盧の四神の図像は龍、虎、雀、亀で構成されていたが、このなかにさらに鹿が加えられて合計で五神となっているのに対し、新たに発表された当盧の四神は龍、虎、雀、そして魚であり、亀と鹿は確認できない。これに日月を加えて、計六体の神が描かれている。コラムでは主に「魚」について論じられており、『山海経』などにみる北方の神の禺彊《ぐうきょう》（強）が魚の体をしていることを根拠に、魚が北方の神の表象であると論じている。

　これらの文章には一定の説得力があるが、しかしただのウォーミングアップにしかならず、あるいははじまりの合図でしかなかった。筆者が海昏侯墓の当盧に関して最も体系的で徹底した研究をおこなっているのは、同僚の曹柯平と王小盾の論文であると考えている。論文の題は「海昏侯墓のシンボルの世界―当盧文様の研究―」という。

　海昏侯墓の車馬坑からは三個の当盧が出土しているが、これはすべて柳葉形を呈しており、銅でつくられ、そのいずれにも白虎の文様がある。論文のなかでは虎が位置する場所の、最上部、中部上段、中部下段というちがいをもとに、当盧をそれぞれ「当盧甲」「当盧乙」「当盧丙」と呼びわけ、非常に立ち入った議論を展開している。

　「当盧甲」表面の文様のなかでは、白虎が上部中の主神の位置を占めている。下には太陽と月をふたつの円であらわしている。さらに下には二体の龍が交差している。交差する龍の体は細くて草花の茎のようであり、屈曲して三つの環を形成している。その上段の環のなかには仙鳥が、中段の環のなかには魚が、下段の環のなかにはもう一羽の仙鳥が位置している。二羽の仙鳥はともに足が長く鶴に似ている。ただし上段の鳥は鳳の形を呈し、その口には琅玕《ろうかん》（一種の宝石のような玉）をくわえ、羽をひろげて歌い踊っているような姿を示し、羽と尾は飾り羽根を豊かにたくわえている。これは鳳鳥にちがいない。一方、下段の鳥は翼をたたんで頭を振り向け、やはり尾には豊かな羽をたくわえている。これは鸞鳥《らんちょう》にちがいない。『荘子』「逍遥遊」には、「北冥」の神話を記してこう説いている。「北

（上）当盧甲の文様では、白虎が上部中央の主神の座を占める。
（下）右の円のなかの鳥が太陽を象徴し、左の円のなかの玉兎と蟾蜍《せんじょ》が月を象徴する。

冥には魚がおり、名を鯤《こん》という。鯤の大きいことといったら、何千里と計り知れないほどである。これは変化して鳥になる。その名を鵬《ほう》という。鵬の大きさといったら、何千里なのか計り知れないほどである。奮起して飛べば、その翼は天に垂れる雲のようである。この鳥は、海を越えて南冥へと飛んでゆくだろう。南冥は、天池のことである」と。この一連の描写はまさにこの図案のなかの鳥と魚の連関に符合する。そのため、論文の筆者は交龍のつくる三つの環が表現しているのが北冥から南冥へといたるようすであり、また鳳鳥、魚、鸞鳥と変態してゆく過程であるのだとしている。そして当盧の上部は、北冥の上に高くそびえる天空を示しているのである。そのなかの右の円のなかには鳳鳥がおり、太陽を表現している。左の円のなかにはウサギ（玉兎）とカエル（蟾蜍）がおり、月を表現している。その上に位置する白虎は、西方の星空、すなわち夜半の星空を表現しているのである。

筆者は我々に、白虎、太陽、月の関係にとくに注意するべきだと述べている。太陽はすべての生命のよりどころであり、月は太陽の夜半の化身である。太陽が沈み隠れたのちに、人々はやっと太陽の背景の星空を注視し、東方の青龍、西方の白虎、南方の朱雀、北方の玄武を認識することができるのである。毎日の黄昏時に太陽が西に沈み、鴟鴞《しきょう》へと変化するとき、それを迎えるのが西方の星宿の神である白虎なのだ。ある人はまた、太陽が西から東へ向かう夜間の運行は、白虎が表現された西方の星空から出発するのだとも説く。

白虎は、漢以前の図像のなかでは、通常ふたつの対応する神格をともなっている。ひとつは龍、あるいは青龍であり、もうひとつが鳳鳥、あるいは朱雀である。これらの対応する神格はまったく異なる意味を有しているにちがいない。よくいうことには、「龍と虎が相対する」ようすは「東と西が相対し、陽と陰が相対する」ようすをあらわしているのだという。そして「鳳鳥・朱雀と白虎が相対する」ようすは、しばしば「生と死が相対し、天界と冥府が相対する」ようすをあらわしているのだという。古代中国には非常にひろく流布した観念があり、それによれば死・再生・不死はたがいに連関する三つの事柄なのだという。虎の神、あるいは虎の姿の神は古人の認識のなかでは死と再生の神であった。まさにこの一点により、当盧の装飾中の虎は西北世界と冥府をつかさどる神だと判断できるのである。

西北のこのような冥府の世界は、『山海経』のなかで「崑崙《こんろん》」とか「開明」と呼ばれている。「崑崙」のシンボルは、墓の墳丘を原型として確立された概念であり、古人の観念のなかでは冥府世界の象徴であった。「天帝の下都」に位置するそれは、さまざまな神が住まう場所であり、虎の形をした「開明獣」に守護されている。「開明獣」は東を向いて立ち、その西側と北側には鳳凰・鸞鳥・佳樹・視肉が位置している。佳樹・視肉は「開明獣」の南側にも位置している。『山海経』のこういった描写は、「当盧甲」の装飾とよく合致する。たとえば「当盧甲」下端の装飾が示しているのは、鸞鳥・佳樹・視肉のセットである。『山海経』「海外南経」に郭璞《かくはく》は注をして「視肉」に関してある解釈を示している。すなわち、これは「聚肉《しうにく》であり、形は牛の肝に似て、ふたつの目をもつ。いくら食べてもなくならず、またもとのように生きかえる」のだという。「もとのように生きかえる」ことは、すなわち「再生」を意味する。より詳細に「当盧甲」の下部を見てみると、そこには確かに牛の肝の形をした物体があり、これはまさしくいくら食べても再生できる「視肉」なのである。

当盧甲

「当盧甲」が描写するのは古人が思い描く西北世界であるが、「当盧乙」の文様が表現するのは「東南世界」である。この当盧の表面の文様は四つの部分に分割できる。すなわち、最上段には羽を広げた仙鳥がおり、冠羽は三つにわかれており、口には琅玕をくわえ、両方の翼と両方の足を伸ばし舞をまうような姿を示す。翼と尾には華麗な飾り羽根がみえる。第二段には虎がおり、駆け回るような姿を呈する。第三段にはたがいに交わるミズチが位置し、雌雄の区別はなく、どちらも長い舌を伸ばして気を吐出するような姿を呈する。尾は巻いて、花びらのような形を呈する。第四段には仙鳥が位置し、羽をたたんで振り返り、十五本の尾羽を開いている。最上段と最下段の二羽の仙鳥はそれぞれ鳳鳥と鸞鳥である。五色の鳳鳥は主神の位置に置かれ、「当盧乙」の文様は仙界すなわち東南世界を主題としていることを示している。

　鳳鳥と鸞鳥は同種の鳥であり、「五色」という特性をもち、太陽すなわち光明の特質を強く備えている。「鳳凰」は鳳鳥と凰鳥が結合してできたものである。由来から見れば、鳳凰は太陽神の使者であり、凰鳥の光明の特質を備えている。一方でまた風神の使者でもあり、「五色をそなえ」、鳳鳥の飛翔する力と「連れだって飛ぶ」力とを備えている。「当盧乙」の装飾の上下端の神鳥は、それぞれ鳳鳥と鸞鳥と断定することができるのである。これらはセットで鸞鳳が呼応して鳴いている情景をあらわしている。

古人の観念のなかでは、さまざまな神が住まう「開明」世界が存在し、虎形の「開明獣」がそれを守護している。開明獣は東を向いて立ち、その周囲には鳳凰・鸞鳥・視肉・そして珠樹・文玉樹・玗琪樹《うきじゅ》・不死樹などの佳樹が位置する。「当盧乙」の装飾があらわすのは、まさにこれと同様の情景である。筆者はかつて蓬莱の由来について考察したことがあるが、蓬莱とは古人が崑崙の神話にそって創出した、西方世界の崑崙に対置される東方世界であり、東方と誕生を象徴し、「仙聖の種」が住まう神山である。いま考察している「当盧甲」と「当盧乙」との間には、これと同様の関係がある。すなわち、「当盧甲」の文様と「当盧乙」の文様には一致する部分が多く、どちらにも白虎と鳳凰が結びついているようすが確認できるだけでなく、図像の構図上の差異からは、それぞれ異なる観念を表現していることがわかるのである。すなわち、「当盧甲」の文様は白虎を主神としており、表現されているのは前漢海昏国人の冥界と西北世界に関する認識である。一方「当盧乙」の文様は鳳鳥を主神としており、表現されているのは前漢海昏国人の仙界と東南世界に関する認識である。後者の文様は、鳳鳥と鸞鳥のほかに、海昏国人の観念では仙界が以下の事物から成り立っていることを示している。すなわち、開明獣であり仙界を守護する神である虎、陰陽が交合する生殖の神秘的な力を交尾により象徴する交龍、そして甘木・珠樹・聖木といった不死の樹、尋木《じんぼく》・建木などの天梯の樹、扶桑・若木といった太陽の樹、文玉・玗琪《うき》といった光明の樹によってなる佳木によって成り立っているのである。「当盧乙」の文様のなかでは、大量の草花や樹木が鳳

当盧乙

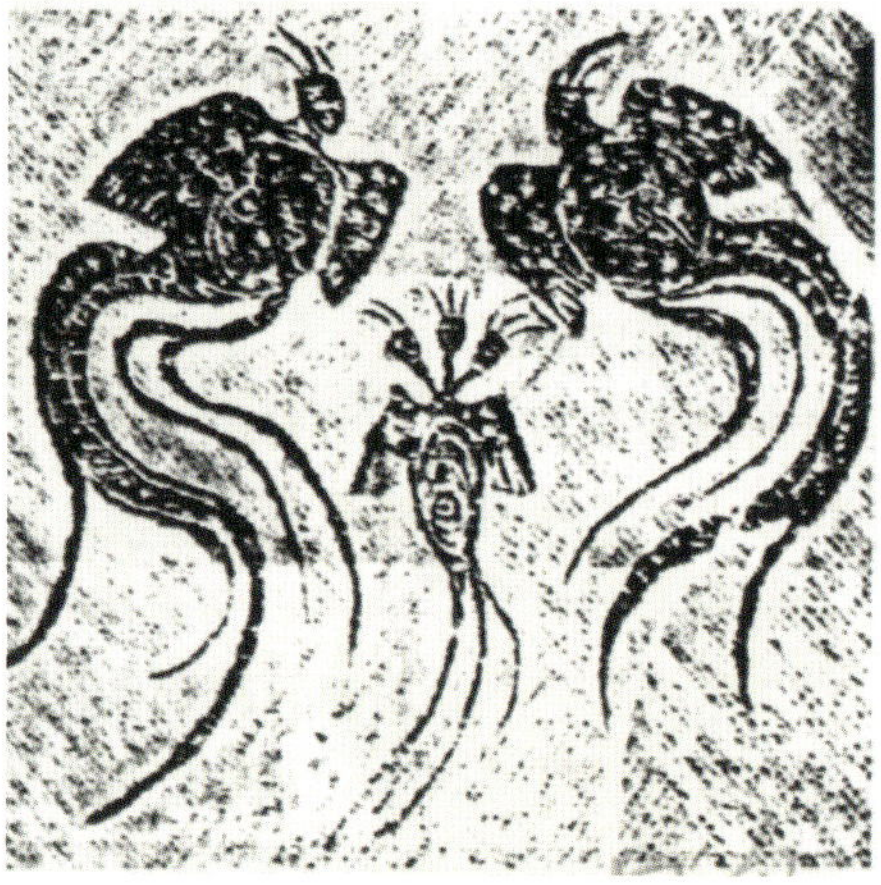

鳳鳥

鳥・鸞鳥・交龍・開明獣の周囲を取り囲んでおり、峻別するのは困難である。しかし肯定できることは、これらが表現しているのは仙界中の佳木であるということである。

「当盧丙」の内容はさらに豊富である。その表面の文様は上下のふたつの部分にわけることができる。上半は翼を広げた鳥が一羽配置されており、これは冥界の天空を象徴する。鳳鳥は三つにわかれた冠羽をもち、くちばしには琅玕をくわえ、両翼と両脚を伸ばし、舞をまっているような姿を呈する。尾からは五枚の羽が伸び、その周りには霊芝などの吉祥文様があしらわれる。下半は一対の身を蛇行させた蛇龍となり、冥界の地上世界をあらわす。蛇龍は雄雌にわけられ、細かくみると一方には長い舌と気を吐出するようすを、一方には舌の表現が欠落しているようすを発見できる。交龍は身を蛇行させながら交わって四つの環を形成するが、最上段の環には仙人がおり、その下の環には白虎がおり、上から三段目の環には麒麟がおり、最下段の環には「鵗亀曳銜《しきえいかん》」の方式によって冥界の地下世界を表現する。この当盧の文様のなかで、最も注目に値するのは「鵗亀曳銜」の表現である。「鵗」は一種の鳥であり、「曳」とはひっぱるあるいは牽引するという意味であり、「銜」とはくちばしでくわえるという意味である。これらの文字が組みあわさった字面は、神鳥と神亀が共同で牽引し、なにかをどこかに運んでゆくことを意味している。

当盧丙

古文献は古人の夜間の太陽の活動に関する認識について、一貫して詳細を明らかにしないものの、漢以前のいくつもの文献のなかに手がかりをみることができる。上記のいくつかの図像の描写を参考にすると、天空へ飛翔する太陽は神鳥であり、名を「三足烏」という。そして亀は水中の太陽と関係する神霊である。ここから推論できることは、上古には以下のような観念があったということである。すなわち、夕方には亀が「鵗鴞《しきょう》」と化した太陽を背負い西方から東方へ運んでゆく。これは太陽の復活を象徴している。

これにより、「当盧丙」の文様の主題は「再生」である、もしくは、生と死のふたつの世界の関係について述べていることがわかる。その上部の鳳鳥は天界の標識であり、再生を通じて光明を獲得することをあらわしている。中段の交龍は生殖力の標識であり、再生の過程をあらわしている。下段の「鵗亀曳銜」のようすは夜間の太陽の標識であり、死から復活する原動力をあらわしている。

「当盧丙」の文様のなかには、注目に値する表現がまだある。それは「当盧丙」中段に麒麟の図像があることである。この麒麟には角があり、頭をあげて、まるで走っているかのようであり、現存するほかの漢代の遺物に描かれた麒麟の形象と近い。麒麟の形象は「当盧丙」の文様に、さらに特別な意味を加えている。

麒麟は伝説のなかの神獣であり、吉祥と幸福の象徴である。『説文解字』「鹿部」の記載を見ると、麒麟は鹿を原型として創造された空想上の動物である。鹿には美しい角があり、また定期的に角が落ちる習性があることから、人々は

翼をひろげた鳳鳥

麒麟を美しい獣、また時を知らせる獣とみなした。鹿の類の動物は草食でおとなしい性格を有するため、人々は麒麟を「仁獣」ともみなした。いにしえの人は「慶」という字をもって鹿の象徴する意味を示した。すなわち、友好と礼儀を象徴する。海昏侯墓の「当盧丙」に現れる麒麟の形象が表現しているのはまさにこの種の仁義・優雅・吉祥といった観念である。

「当盧丙」の装飾の内容は、主に五つの動物などの形象によって表現されている。下から上に向かって順に、それぞれ鴟亀・麒麟・開明獣・

「鴟亀曳銜」

仙人・鳳鳥である。これらの形象は再生の過程をあらわしたものであり、すなわち、夜間の太陽となる鴟亀の活動開始からはじまり、麒麟が象徴する仁義の国をへて開明獣が守護する仙界へと進入し、仙人となり生を得るのである。この過程は「当盧甲」と「当盧乙」によって提示されるふたつの過程の総括である。

まとめると、海昏侯墓の車馬坑から出土した三つの当盧の文様は、それぞれ海昏侯国人の死から生にいたるまでの三つの世界に対する想像を表現している。「当盧甲」は冥界すなわち西北

「鴟亀曳銜」（馬王堆漢墓より出土）

①亀の背の円渦紋と周囲の連珠紋がそれぞれ太陽と星を象徴する。

世界の想像を表現しており、「当盧乙」は神仙世界すなわち東南世界の想像を表現しており、「当盧丙」は再生世界へと向かう、すなわち死の世界から生の世界へと戻ってゆく過程の想像を表現している。これらの想像は古人の、太陽が天空をよこぎって日の出から日没へと向かい再び東からのぼってゆく過程に対する長きにわたる観測と対応し、太陽を主役とする宇宙観を基礎としており、非常に長い歴史がある。この三つの当盧の装飾は海昏侯国人の彼岸世界の構造に

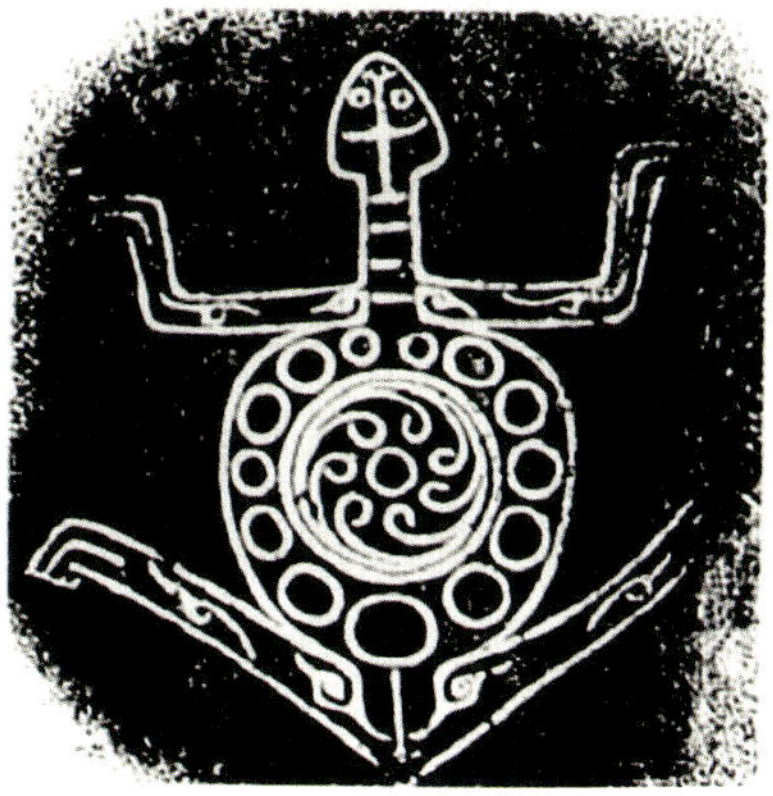

②亀の背に円渦紋と十三個の小円があり、「十三」は亀の甲羅の模様の数であると同時に、これらの小円もまた太陽を象徴している。

対する認識を完璧に反映している。冥界は被葬者が落ち着く先の世界であり、仙界は被葬者がのぼり帰ってゆく世界であり、再生は被葬者が再び新たに人間の世界へと回帰してゆく道程である。この三つの世界は、それぞれ白虎、鳳鳥、鳳形の鸞鳥を主神とし、「北冥」「開明神山」「曳銜運日」の故事を骨格とし、たがいに関連している。

海昏侯墓からは三個の博山炉③が一括で出土しており、セットで使用したのだろう。なかでも

③亀の背に円渦紋と十個の円紋を飾り、これもまた太陽を象徴している。

（①②③は商代青銅盤の文様）

最後にとりあげられた一個は想像を絶する保存状態のよさであり、処理の後は完全な細部表現や形態を確認することができた。徐長青所長は驚きの声をあげて「最高級の工芸品とみてよいだろう」といった。彼によれば、この金象嵌博山炉の、炉壁の山々の起伏はきわめて精緻な工芸技術によって海上の仙山の絶景を刻みだしているという。状態のよさと形態はおおよそ河北省の前漢中山靖王劉勝の墓からの出土例と対比することができ、中国でこれまでに出土した同

青銅鍍金博山炉
（主槨室西室南部より出土）

時期の博山炉のうち最も優れた事例のひとつということができる。

博山炉はまた博山香炉、博山香薫、博山薫炉などともいい、中国の漢代から晋代によくみられる、香をたくための器具である。多くは青銅器または陶瓷器《とうしき》である。器形は青銅器の豆《とう》のかたちで、上には蓋がかぶせられる。蓋は背が高く先端がとがっており、透かし彫りが施され、山形を呈する。山並みは重畳《ちょうじょう》として、その間に飛鳥や走獣が彫られている。そのため、伝説で「博山」と名付けられた海のほとりの仙山にちなんでこの名がつけられている。宋代の知識人である呂大臨の『考古図』の記載では、「香炉は海に浮かぶ博山のようであり、下盤には湯をたくわえ蒸気によって香りをたたせる。それにより海の四周をかたどっている」という。漢の武帝は神仙方術を信奉し、薫香をたしなんでいたと伝わっている。方士は東方の海のほとりに仙山があり、名を「博山」といい、美しいこと並々ならぬものがあると説いた。武帝は博山に強くあこがれ、命じて伝説の博山のありようを模してこうした特殊な造形の香炉を制作させ、それ以降、香炉の定着した一類型へとだんだんと変化していった。漢代には博山炉が宮廷や貴族生活のなかですでに盛行しており、漢代の神仙信

青銅連枝灯
（主槨室西室南部より出土）

仰を生き生きと反映している。

長らく海昏侯の棺槨とともにあったのは、一本の銅製の長明灯である。高さは一メートル前後で、下では灯座が樹幹形の柱を支えている。灯盤は少なければ三枚であり、多ければ枝の数に応じて増えてゆく。そのため、「連枝灯」あるいは「樹形灯」ともいう。

博山炉と連枝灯は室内に置かれてセットで使用されていた。どちらも漢代に大いに盛行した「昇仙」思想を内包している。連枝灯は、実際には「佳木」の造形であり、神話の扶桑樹の一類である「神樹」の形象である。扶桑樹は伝説では太陽が宿る神木であり、灯枝にかけられた灯盤に灯火がともされたさまは、まさにいくつもの太陽を宿した伝説上の扶桑樹のようである。多くの連枝灯はみな鳳鳥の形象をあしらっており、火鳳が光明を追ってゆくことを象徴する意味もある。

訳注

③ 原書の出版後、情報が更新され八個となった。

六、侯王の車馬列

二〇一五年十二月、海昏侯墓の西側で約八〇平方メートルを占める長方形の土坑がひらかれた。この土坑の底から二千年あまり前の遺物がはっきりとした輪郭をあらわしたとき、現場にいた考古学調査員ひとりひとりが驚きの表情をみせた。この決して立派とはいえない土坑が、はたして中国長江以南の地域で初めて発見される本物の車馬の陪葬坑であったとは、だれひとりとして想像できなかったのだ。

車馬坑は南北一七・七メートル、東西四・四メートル、地表からの深さ二・五メートルである。土坑のなかからは全部で五台の彩色木製馬車と、二十頭の本物の馬の痕跡がみつかった。もともと車馬の外側を保護していた土坑内の木槨とそれを補強していた柱は完全に朽ちてなくなっており、わずかにのこる若干の痕跡から推測できるだけだった。土坑底部は二段に造成されその上に木槨が構築されており、朽ちて失われた木槨頂板の痕跡から判断して、車馬坑の槨室は高さ約〇・五メートル[4]であった。

青銅鐃（発掘報告でしばしば「鈴」に分類されるもの）

陪葬された五台の彩色木製馬車は、みな生活のなかで実用された高級な安車である。馬車は埋納時に分解された。分解された車馬器はひとつひとつ漆塗の色彩画のある木箱のなかに入れられ、そのあとに槨室の底板に安置された。陪葬された二十頭の馬は、みな屠殺されたあと完全なすがたで埋納されていた。骨はほとんど土に還っていたが、車馬坑のなかの車馬器と馬の骨の痕跡は、とりあげの際に細心の注意を払った処理をおこなうことができ、なおはっきりと判別することができた。

海昏侯墓考古発掘専門委員会代表の、著名な秦漢考古学者である信立祥によれば、「前漢の王侯が外出するための車には、主に安車と軺《しょうしゃ》車があり、安車は座って乗り、軺車は立って乗る」

のだという。

『説文解字』には「軺とは小さい車である」とある。軺車とは、小回りのきく小さな馬車の一種である。軺車の「軺」とは、形声の字であり、「車」と「召」と関係する意味をもち、「ヨウ」と読む。「召」は「みちびく」「よぶ」という意味をもつ。「召」と「車」が結びつき、名詞の「軺車」になると、引導車、先導車、開道車、迎賓車という意味をもつようになり、さらに派生して国君が賓客を礼遇することにもっぱらつかわれる車となる。古代では、一国の国君が別の国を訪問するとき、車隊が訪問する国のなかに入ると、相手は軺車を遣わして車隊のために道をひらき案内する。車に乗るのはふつう宮廷の礼賓官と地方官であり、いまの国事訪問によく似ている。

軺車は車輪・車軸・車輿《しゃよ》（車廂《しゃしょう》）・傘蓋などからなる。乗るものは多くは車廂のなかに立つ。『釈名』「釈車」では、「軺」は「遥」であり、遠いという意味があり、四方を遠望する車であると解説している。軺車は形態の上では四面が開いた車であるにちがいなく、おそらく四面を眺めて交通を指揮するのに適したかたちをしているのではないだろうか。

車馬坑の俯瞰図

安車は古代の「座って乗る」馬車であり、主に年老いた高級官吏や貴婦人が乗るために用いられた。『礼記』「曲礼上」には「大夫は七十歳で「致仕」し……四方に行くときには安車に乗る」とある。「致仕」とは退職するという意味である。鄭玄《じょうげん》の注では「安車は座って乗る車であり、いまの小車のようなものだ」という。高官が高齢を理由に郷里に帰る、あるいは朝廷が衆望のある人を徴召するとき、往々にして礼遇し、安車によって送迎しようとすることがある。古代の車は多くが立って乗る車であるが、このような安車は廂《ひさし》の内側に座ることができ、そのために「安車」と呼ぶ。安車は通常一頭の馬に牽引させるが、礼儀をもって尊ぶべき人は四頭の馬に牽引させる。

前漢時代では、四頭立ての車に乗るのは、王侯の出行の最高の規格であった。海昏侯墓の車馬陪葬坑のなかには実際五台の車と二十頭の馬が確認され、平均でちょうど四頭の馬が一台の車に対応する。このことから被葬者の身分がふつうとは異なっていたとみることができる。

考古学調査員は車馬坑のなかから精査によって三千点あまりの各種遺物を検出した。車馬坑は浅く、底が地表面から近かったために、酸素によりひどく変質していた。いくつかの遺物は少し触れれば崩れてしまう状態であり、とりあ

青銅金銀象嵌衡飾側面の文様展開図

青銅金銀象嵌衡飾
（車軸の先端の装飾品）
（車馬抗より出土）

青銅金銀象嵌衡飾の頂部の文様
（車馬抗より出土）

げは困難をきわめた。車馬具の酸化した表層を除去するとき、細心の注意を払いつつコットンで薬剤を塗布してゆっくりと洗浄し、やっと遺物本体の破壊を避けることができた。綿棒をつかってもまったくだめで、注意を欠いてひと突きすれば、すぐに孔が開いてしまう。

精査によって出土した車は蓋弓帽、杠箍《こうこ》、龍虎の頭をかたどった軛《くびき》飾、轅飾《えんしょく》、衡飾《こうしょく》、車轄《しゃかつ》や麻でできた傘蓋などを備えており、馬は絡飾、銜鑣《くつわ》、当盧などが備わっていた。数多くの鍍金銀象嵌の工芸品の製作は華美をきわめており、これらの車馬の装飾品の美しさは、筆舌に尽くしがたい。蓋弓帽は傘の骨の先端で、青銅で鋳造した本体の上半部に鍍金を施して下半部に金銀を象嵌した工芸品である。目を凝らして細かくみると、なるほど金糸銀片を象嵌してつくられているが、なんとそれは小さな狼が鹿を追いかける図像だったのである。このような複雑な工芸の大半は、蓋弓帽表面の五〜六センチメートルの小さな面にあらわされていた。その精美なさまは常軌を逸しており、この世にまたとないといっても、いささかも過言ではない。専門家が指摘することには、車馬の装飾品のなかには例の大きな角のアイベックス⑤の図像をもつ馬面があるが、これは匈奴などの西域の民族に

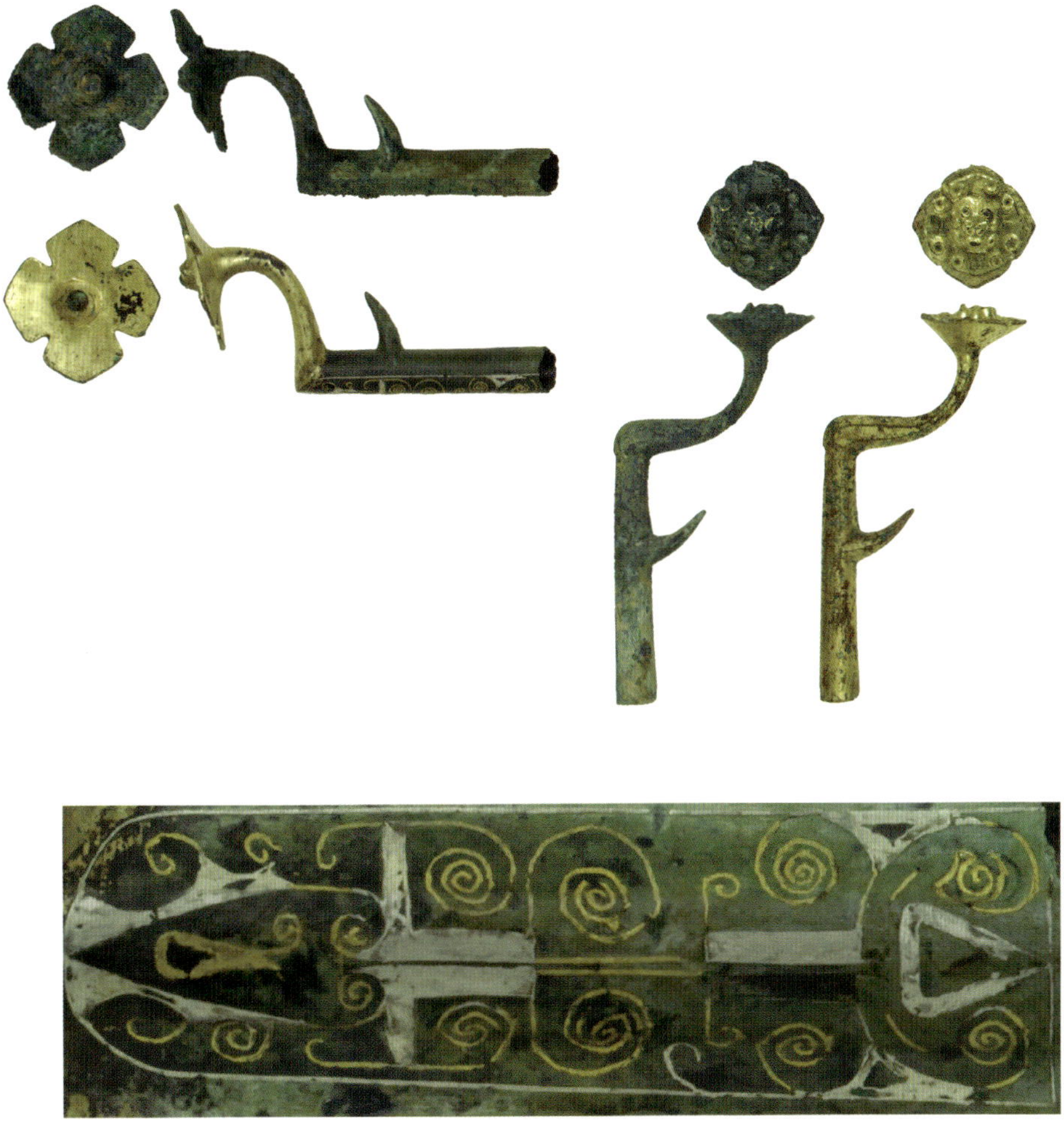

青銅鍍金・金銀象嵌蓋弓帽（車の傘の骨先端の装飾品）（車馬坑より出土）

由来する可能性があるという。総合すると、海昏侯墓から出土した車馬は、『続漢書』「輿服志《よふくし》」が記載する「龍首銜軛《かんやく》」にあたるもので、「赤い車輪、青い蓋《かさ》、金の蓋弓帽、黒いはしら、文様のあるどろよけとながえ、鍍金すること五回」という皇太子や皇子が乗る「王青蓋車」によく合致する。「王青蓋車」は基本的に車の傘の色から名前をとっており、その記載は後漢時代に属するものだが、前漢時代の車輿制度をふまえたものにちがいない。

海昏侯主墓の甬道で、考古学者は二台の明器《めいき》〔死者とともに墓に納めるために特別に作られた器物〕の楽車を発見した。一台は金車であり、一個の錞于《じゅんう》と四個の青銅鐃《にょう》を備えていた。もう一台は鼓車であり、建鼓を備えるが、しかし建鼓はすでに破損し、残片は水に浸かって散乱しており、ひどく雑然としていた。この発見は古代の文献の先秦期の楽車が錞于と鐃や建鼓をセットで載せていたという記述を裏づけるものである。

主墓の甬道で発見された二輌の楽車は、車馬坑のなかの本物の車と異なり、陪葬のために特別につくられた模型の車である。しかし楽車の上の青銅錞于、青銅鐃や建鼓はみな使用可能な実物だ。現在、二輌の楽車はともに研究室に移され修復をまっている。甬道のなかからは複数の木俑も出土した。甬道の両側の東西車馬庫からも、車馬の明器や御者俑が出土した。

錞于はまた錞釪、錞とも書き、古代の軍隊でつかわれた一種の銅製打楽器である。現在までに発見されている実物は春秋時代のものが最もふるく、漢代には大いに盛行した。『周礼』「地官・鼓人」には「金錞を以て鼓に和す」という記載があり、これは錞と鼓の二種類の楽器が一緒に使われて音をあわせたことをいい、戦争のときには軍隊の進退を指揮するのに用いた。『淮南子』「兵略訓」では「両軍相当たり、鼓錞相望む」とあり、その描写から古代の戦陣でこの二種類の打楽器の組みあわせが盛んに用いられたことがうかがえる。

錞于の形状は円筒に似ており、上部は下部よりやや大きく、頂部には鈕《ちゅう》があり、多くは虎のかたちを呈する。そのため「虎鈕錞于」という名称がある。錞于の演奏法について、各時代の記載は一致していない。雲南省の昆明市晋寧区石寨山の前漢併行期の墓から出土した銅の貯貝器の上には、大勢の滇《てん》人が宗教的儀式を挙行している場面が鋳出されている。そのなかでふたりの人物が丸太をかつぎ、錞于ひとつと鼓をひとつぶらさげている。銅鼓は横向きに懸けられ、錞于は横木に吊るされている。傍らにはひとりの人物が木の棒をもちこれをたたいており、これによって当時の具体的な演奏のようすを知ることができる。

『南史』「斉始興王鑑伝」と『北史』「斛斯徵《こくしちょう》伝」に記載されている錞于の演奏法はまったく異なっており、容器で水を錞于の下にため、「芒茎を以て心に当て、跪きて錞于に注し、手を以て芒《すすき》を振るへば、則ち声雷のごとし」あるいは「芒の筒を以て之を捋《と》れば、その声極めて清し」という。芒茎はイネ科植物であるススキの茎であり、荒れ山の斜面や野原で随所にみることができる。このように柔らかいもので、どのようにすれば錞于に音をださせ、その音が雷のようになるのかは、まったくわからない。

古制の錞于は南北朝時代になるとすでに伝承が途絶えていた。宋代の『楽書』には「形状は鐘に似て、内に鈴舌を懸く」という錞于が記載されている。明代の王圻《おうき》の『三才図会』に描かれた錞于は、口が上を向くが、その形状はやはり「上が大きく下が小さく」、曲げた縄形の鈕によって木製のスタンドにかけられている。このような錞于は古代の錞于とかなり大きな差異がある。

「鐃」はまた鉦、執鐘とも称し、鐘に類似する一種の打楽器である。やはり本来の機能は、軍中で号令を伝えるためのものである。「鼓を撃てば軍を進め、金を鳴らせば兵を収」め、古代の戦場では二種類の車載楽器は欠かすことができなかった。

信立祥の解釈は、つぎのようである。甬道からみつかった金車と鼓車で構成された模造楽車は、前漢の列侯が出行する際に、楽車が前方にあったことを示している。このような出行制度は先秦期の軍楽と関係がある。これから推測できることは、海昏侯は生前出行するとき金鼓の合図によって進止を決めていたということである。鼓車に載せられた建鼓が鳴れば、車隊は前進する。一方で金車に載せられた錞于と鐃が鳴れば、車隊はその場で前進を停止する。

彼の説明によれば、山東省の孝堂山石祠の後漢代の「大王車出行図」画像では、大王車の前方の車両は鼓車であり、前漢の「金車・鼓車併用」という制度と明確に異なっている。したがって、海昏侯墓で発見された本物の車馬と模造車馬は、前漢列侯の出行制度にまったく新しい例証を提示したといえる。

江西省文学芸術連合会主席である葉青によれば、車馬坑の車馬は「劉賀が生前に使用していたものにちがいなく、また棺を墓地に運ぶために用いられた可能性もある。車馬器のなかに、あのような鍍金や銀象嵌の青銅製装飾品があることは、たいへん重要である。それは、それが精巧につくられているからだけではなく、装飾品の文様にすこぶる意義があるからでもある。ある精巧な当盧の上には、鳳凰・魚・白虎・太陽・月などが描かれており、そのなかで注意されるのは、鳳凰が重要な主題としてしばしばあらわれることである」という。

彼には豊かな文学的想像力があり、我々に一枚の「霊魂昇遷図」を描いてくれた。鳳凰は魂を運ぶ鳥であり、漢代の墓葬芸術のなかで重要な位置を占める。当盧の文様において主体をなす鳳鳥文様は、明らかに死者の霊魂を運んでゆく昇遷の寓意となっている。また車衡飾の文様には想像上の黒水が描かれており、これは死から生へ、暗夜から白昼へいたる一本の道であり、そのなかでは夜中の星空で天体が西から東へ向かう運行が繰りひろげられている。これらの装飾品の文様は組みあわさって一緒になり、葬送の車馬にもうひとつの役割をあたえている。すなわち、被葬者の遺体を運搬するだけでなく、これらの車馬は被葬者の霊魂をも運送したのである。しかし注意すべきなのは、車馬坑内の車馬は副葬されるときに分解され、分解された車馬器は絵画が描かれた漆塗りの木箱のなかに入れて収められたことである。これは明らかに、ここにいたって本物の馬車は喪葬儀礼のなかでの使命をすでに完了したことを意味している。

「このとき、別に製作された非実用の双轅《そうえん》彩車、模造楽車が被葬者の「別の世界」への出行の任についた。模造車馬の墓室内での位置は甬道およびその両側の側槨内であり、これらの特殊な位置に停車した車馬はいつでも被葬者の出行を待っているようであり、被葬者の魂がここからもうひとつの「旅」をはじめることを暗示している。その目的地は車馬のうしろの棺槨ではなく、天上にある仙界である。模造楽車から発見された実用の錞于、建鼓と鼓槌、四つの青銅鐃のセット、そしてまだ詳しい統計データを示すことができない多数の車馬は、いずれもこれが勢い盛んな出行であることを意味している。」

青銅錞于
（甬道楽器庫より出土）

訳注

④ 『考古』二〇一六年第七期の簡報では一メートルとされる。

⑤ 原文は大角羊、すなわちビッグホーンとするが、これは主に極東シベリアや北米大陸に生息する別種であり、角などの特徴も異なる。

七、大漢の音

青銅鐘虡（北蔵槨楽器庫より出土）

海昏侯墓から編鐘が出土した。

これは人々の期待したとおりでもあり、またいくつかの意外な点もあったようだ。

二セットの編鐘、一セットの編磬《へんけい》と青銅錞于《じゅんう》、青銅鐃《にょう》のほかに、完全なセットの琴瑟《きんしつ》、排簫、笙、二百体ちかくの伎楽木俑があり、大規模な楽隊と楽器がまるまる、主槨回廊の楽器庫のなかにおさめてあった。

報道によると、編鐘は全部で十四個あり、出土時には配列の順序は明確で、大きいものから小さいものへと、つまり、音階は低いものから高いものへと配列されていた。調査員は試しにこの漢代の編鐘の音声を二千年ぶりに鳴らしてみたが、その音はきれいで澄んでおり、音階も正確だった。製作は精巧で、また保存状態も完全だった。のちに明らかにされた情報によると、その内訳は鈕鐘が十四個、甬鐘が十個、計二十四個であった。

中国は楽器の鐘の製作と使用が最もはやくはじまった国家である。はやくも三五〇〇年前の

商代には、朝廷と貴族はすでに編鐘を使用していたが、商から西周の編鐘はふつう三個で一セットをなしていた。春秋末から戦国時代まで、編鐘の一セットの個数はしだいに増えてゆき、九個一セットあるいは十三個一セットに発展した。古代の編鐘は宮廷の演奏で用いられることが多く、出征や朝覲《ちょうきん》、祭祀などの重大な活動があるごとに、いつも編鐘で演奏する必要があった。一九五七年、河南省信陽市城陽城遺跡⑦から出土した最初の編鐘のセットは十三個だった。音楽家はかつてこの編鐘で『東方紅』の楽曲を演奏した。一九五八年、中央人民ラジオ（CNR）はこの編鐘で演奏した『東方紅』を放送開始の曲とし、城陽城遺跡の編鐘の音色はこのときから無線電波によって世にゆきわたったのである。

　ふるくは編鐘開口部のふたつのとがった部分を「銑《せん》」といい、銑の間の開口部あるいはその縁の部分を「于」といい、于の上すなわち鐘の正面下段を「鼓」といい、鼓の上つまり鐘の正面上段を「鉦《しょう》」といい、鉦の上すなわち鐘の頂部を「舞」といった。舞の中央の鐘をつりさげるための部分は、扁平な半環形の吊り手を「鈕《ちゅう》」といい、柱状の柄を「甬《よう》」といった。鉦の文様を「鉦帯」もしくは「篆間《てんかん》」といい、乳状の突起を「枚」といった。これは主に音色をよくするためのものであり、一種の文様であっただけではない。鐘の内壁には溝状に削った痕跡があり、これは「音脊《おんせき》」といって、音階を調整するための工夫である。

　その名が示すとおり、柱状の鐘柄のものを「甬鐘」といい、甬部はふつう上が細くて下が太く、その細くなる角度は一定であり、そこに「旋」と「斡」がつけられ、傾けて甬を吊るして演奏するようにつくられている。甬鐘は音楽と音響性能の面では「一鐘二音」という際だった特長があり、ひとつの音階は鼓の中心に割りあてられ、もうひとつの音階は鼓の側面に割りあてられていた。

　鈕鐘の特徴は、舞の上に半環形の長円鈕を持ち、断面が杏仁《あんにん》形を呈し、舞は平らで、腹は平滑で、銑は大きく、于はかすかに湾曲し、体部が小さい。甬鐘とくらべると、最大のちがいは甬鐘の甬が鈕に置きかえられ、斜めに懸けるやり方がまっすぐに懸けるやり方になっている点である。それにより、鐘の安定性をさらに保持しやすくなり、演奏の音質が向上している。

　甬鐘と鈕鐘はセットで編鐘と呼ばれる。編鐘は青銅で鋳造したものが大多数を占める。その音律は、鐘の体部が小さくなると、音が高く、音量も小さくなり、また鐘の体部が大きくなる

編鐘（北蔵椰楽器庫より出土）

青銅甬鐘

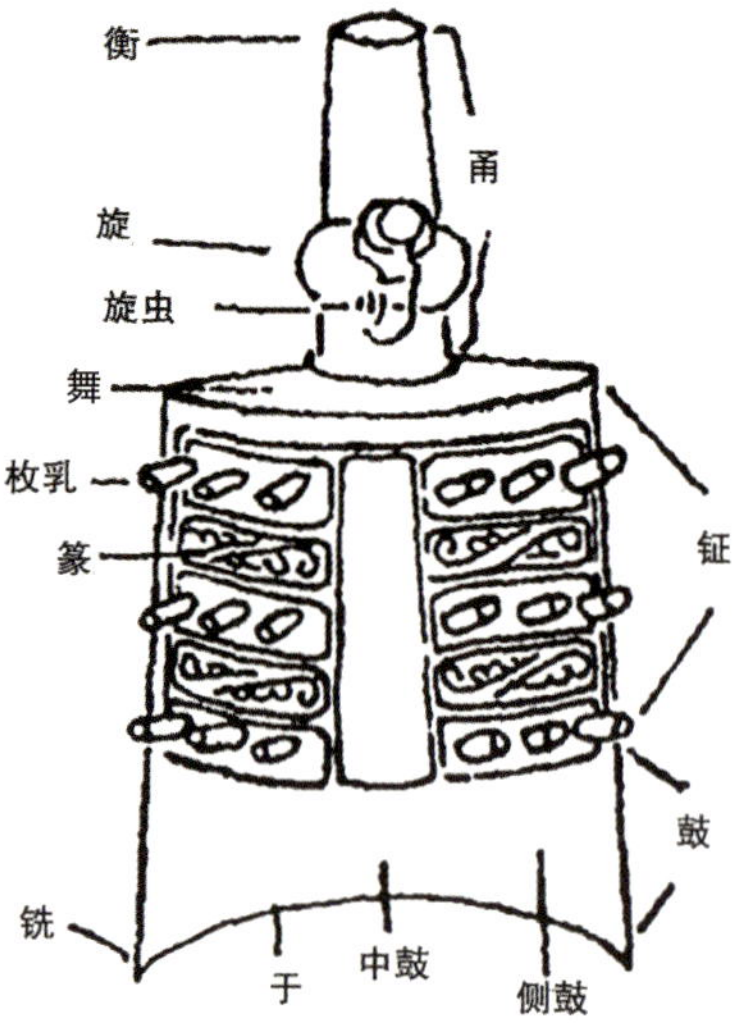

甬鐘構造模式図

と音が低く、音量も大きくなる。したがって、鋳造するときの寸法と形状は編鐘に重要な影響をあたえる。海昏侯墓出土の編鐘は、大きいものは高さが七～八〇センチメートル、重さは二〇キログラムあまりで、小さいものは高さ五センチメートル、重さ数十グラムで、ひととおりの音階を完備していた。

海昏侯墓で出土した十四個の鈕鐘は、みな杏仁形で、二枚の平瓦をあわせたかたちに似ている。三十六個の枚を鋳出し、その間に金象嵌の文様を飾り、洗浄補修後はすっかり真新しい輝きを放ち、非常に精美だった。十個の甬鐘のうち七個は保存が完全な状態であり、三個は破損していた。甬と舞の接続箇所には吊環があり、両側には鈕鐘と同じ三十六個の枚が配置されており、すべての甬鐘で枚は四組にわかれ、それぞれの組に九個の枚があった。そのなかで五個の甬鐘の口縁部にはそれぞれ「宮《きゅう》」「商《しょう》」「角《かく》」「徴《ち》」「羽《う》」の字句が刻まれており、対応する五つの音階を発することができた。

同時に出土したものに二組四個の編鐘の台座がある。古代には鐘や磬をつりさげるスタンドを虡《きょ》と呼び、鐘虡の銅柱の台座には異形の獣を立体的にかたどっている。専門家はこの台座を根拠に二組の別個の編鐘があるとみたのである。編鐘のうち十四個の鈕鐘が出土したとき、まさに編鐘の鐘虡に吊るされていた。それなら、残りの十個の甬鐘もまた別の鐘虡に吊るされていたにちがいない。出土時には八個の甬鐘だけが近接して出土したが、おそらく地震や崩落などのため、残り二個の甬鐘が落下し、離れてしまったのだろう。よくみられる編鐘のならべ方にもとづけば、これら二個の甬鐘が独自の組をつくるならべ方は存在しないはずである。考古学の専門家である楊小林の分析によれば、二組の編鐘は被葬者が生前に使用した実用の編鐘であり、また編鐘の表面には研磨して音を調整した痕跡もある。十四個の編鐘のなかに、ほかと異なる特別な個体がある。掌にのるほどの小さな編鐘で、ほかの編鐘のような金色の文様をもたないため調音の基準となる鐘と推測された。

海昏侯墓で出土した編磬《へんけい》は鉄製であり、やはり青銅の磬虡につりさげられていた。磬虡の台座も異形の獣の造形であるが、異なるのは鐘虡の獣の頭が麒麟に似ているのに対し、磬虡の獣の頭はいくぶん羊にちかい。鉄製の編磬は中国で初めての発見である。

二組の編鐘と一組の編磬は、あわせて「三堵《さんと》懸楽」と呼ばれ、『周礼』に照らすと「四堵は帝、三堵は王」という規定があり、海昏侯墓の楽器使用の規格は明らかに被葬者の「侯」より高いランクとみることができる。

しかし上述のような懸垂方式は、これまでに知られている南越王墓・洛荘漢墓・大雲山漢墓の編鐘と異なる部分があるともいわれている。この三基の墓は年代が異なるものの、副葬された編鐘の種類・形態・個数と懸垂方式が基本的に同じで、いずれも甬鐘が五個、鈕鐘が十四個のセットであり、上下二層構造の鐘虡に吊るされている。これは長く前漢前期の皇室の鐘楽のモデルとされてきた。海昏侯墓の鈕鐘も十四個であるが、十個の甬鐘が五個ずつ二組のセットからなっていたことは、容易に推測できる。しかし江西省博物館と首都博物館に展示された七個の甬鐘の寸法からみると、ふたつのセットを抽出することはできない。

漆瑟に刻まれた文字（北蔵槨中ほど、楽器庫より出土）

展示されていた七個の甬鐘を仔細に観察すれば、それらの文様がたがいに異なっており、おおよそ無紋系・方格紋系・雲紋系という三系統の異なる文様があることがわかる。そのうち最大の二個は、装飾が漢代の編鐘によくみる方格米字紋であり、螺旋状の枚をもち、鼓は無紋であり、甬には透かし彫りの三角形花紋を刻んでいる。三つ目の鉦間・篆間・甬はみな無紋であった。四つ目もまた方格米字紋の装飾であるが、五つ目の鉦間と篆間は比較的粗雑な勾連雲紋で、表面には浮き彫りに似た凹凸を感じるところがあり、そのほかの甬鐘との差違は明瞭だった。六つ目の鉦間と篆間もまた方格紋系と雲紋系の文様をかざり、甬の連続した幾何学文様はその他の甬鐘とはっきりと異なっていた。七つ目にも方格紋系の文様をかざっていたが、そのほかの甬鐘にはない枚を採用していた。全体からみると、音階を決定する寸法はもちろん、装飾の観点からもやはり、これらの甬鐘を二組五個ずつにはっきりと区分することはできない。これら十個の甬鐘は同時に鋳造されたのではなく、喪葬のときにあえて一緒に演奏した可能性がある。ひとつの仮説として提示しておきたい。

漢代は各民族の文化が大いに混交し、国内外の文化が大いに交流した時代であった。そのため、楽器の数量・品質・種類、新しい楽器の開発、楽器組成の形式・構造・類型などの方面で、それぞれに新たな革新と発展があった。

漢代の楽器の発展の重要な転換点は、繊細でやわらかい管弦楽器がより多く貴族と民衆の生活に入りこみ、「鉅《きょ》を以て美と為す」「鐘磬楽」以外の、さらに世俗生活に親和した補完形式を創出したことにある。

これまでに出土した陶俑や漢代画像石のなかには、漢代の各種の音楽の表現形式をみいだすことができ、そのなかには独奏・合奏・伴奏などがひととおりそろっている。おおよそすべての舞楽や曲芸の場面には、必ず楽器の演奏や伴奏がともなっている。伴奏の楽器セットの多くは糸竹楽器が主であり、規模と演奏人数は被葬者の身分や経済力によって異なる。陶俑と漢代画像石にみられる主要な楽器には塤《くん》・排簫《はいしょう》・笙《しょう》・笛などの吹奏楽器、琴・瑟《しつ》・箜篌《くご》などの弦楽器、建鼓・鼗鼓《とうこ》・筑・節などの打楽器があった。

西周時代には、いわゆる「八音」ということばがあり、楽器を素材のちがいによって「金・

瑟（楽器庫より出土）

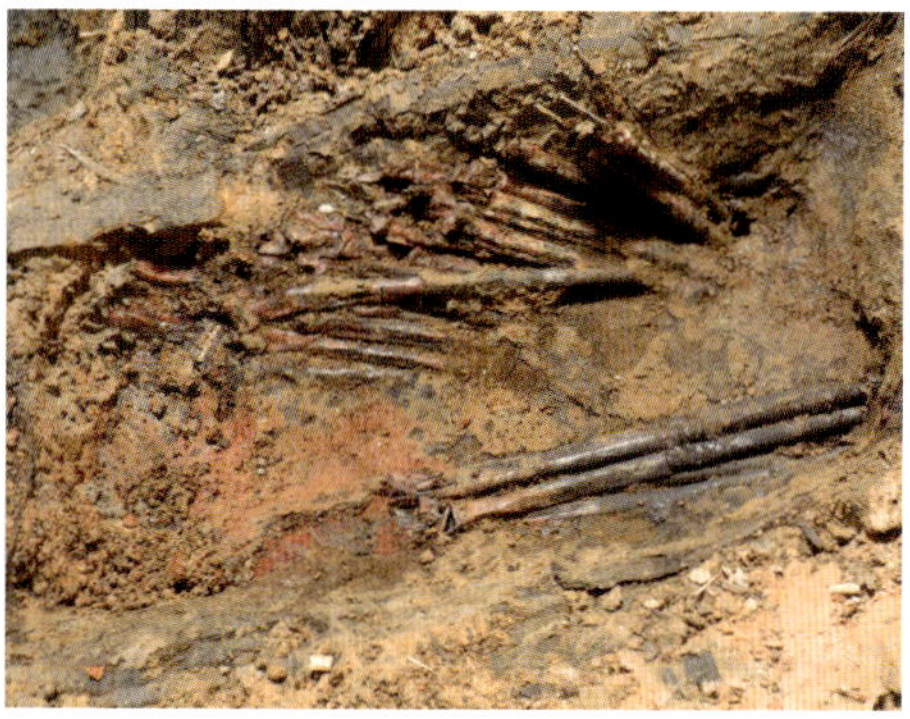

排簫

石・糸・竹・匏《ほう》・土・革・木」の八種類に分類している。鐘は金（青銅）であり、磬は石であり、琴と瑟は糸であり、簫と管は竹であり、笙と竽は匏（ひょうたんの意）であり、塤は土（土器）であり、鼓は革であり、柷《しゅく》と敔《ぎょ》は木である。柷と敔はともに古代の打楽器である。柷は木製で四角い函形をしており、木の棒で叩いて音を鳴らす。柷を鳴らすことは、演奏のはじまりを意味する。敔は伏せた虎のような形をしており、竹でこすって音を鳴らす。敔を鳴らすことは楽曲の終わりを意味する。

海昏侯墓出土の楽器は、漢代の楽器のこのような変化をものがたっている。琴・瑟・排簫などの管弦楽器、打楽器と吹奏楽器とがあったといわれ、編鐘と管弦楽器と楽俑は、完全に整った饗応用の楽隊を構成していた。

瑟は古代の酒宴のなかでよくみる演奏用楽器であり、海昏侯墓では同時に二個が出土した。とても精美につくられ、現在は遺物保管室で保護修復作業が進行している。張仲立の説明によれば、「そのうちのひとつは長さが二・一メートルで、このように大きな瑟は非常にめずらしい。瑟の表面には銘文があり、この瑟の長さ、幅、弦の本数について記しているが、部分的に文字が明確に識別できないところがある」という。瑟が発見されたとき、瑟の柱はまだ残っていたが、弦はすでに腐朽していた。

瑟は一種の弦楽器であり、形状は琴に似るが、太さの異なる二十五本の弦がある。弦ごとに柱が一本あり、五声の音階にしたがって弦を固定する。最もふるい瑟には五十本の弦があり、そのためこの種の瑟には「五十弦」の異称もある。李商隠の「錦瑟」という詩には「錦瑟端無くも五十弦、一弦一柱華年を思う」とある。描写されているのは五十弦の古瑟である。張仲立は「海昏侯墓からみつかった瑟は幅がひろく、理屈としては演奏できる音階はさらに豊富なはずであり、弦の数も二十五本にとどまらない可能性がある」という。

惜しむらくはこの文章を脱稿するとき、海昏侯墓の楽器と伎楽俑の全容を目にすることがまだできず、ただここまでしか言及できないということだ。

訳注

⑥ 原報告では長官台一号墓として報告。

八、食のたのしみ

一般論からすれば、衣食のことは同じ文章に記載すべきで、そうすれば前漢の貴族生活の「錦衣玉食」すべてを完全なかたちでしめすことができるだろう。しかし残念なことに、回廊部北西角の服飾をおさめた「衣笥《いし》庫《こ》」は、五代十国時代の盗掘坑によってまさにその場所が破壊されており、また墓室中央上部にあけられた新たな盗掘坑が加わり、少なくとも墓室では二回の空気の入れ替わりが起こり、残っていた二千年あまり前の「漢服」のセットは完全に「蒸発」してしまった。衣服をおさめた漆箱は破片と化し、発掘の調査員は足の踏み場をさがすことすら困難であった。現在のところ、私たちは漆箱のなかの衣服の種類と数量を記録した札をもとに、海昏侯劉賀が生前身につけていたものの考究を試みることしかできない。ただ、多数の佩玉、三子奩《さんしれん》、銀装飾の化粧合子からは、服飾の風采に対する漢代貴族の意識をうかがうことができる。

雁形鎮（5号墓より出土）

　海昏侯墓専門委員会副代表の張仲立は、かつて「墓室出土の遺物からみれば、非常に多くのものが『食官』文化にかかわるものであり、その領域は槨室全体の四分の一におよんでいる」と述べている。たしかに墓室回廊中の東回廊部全体が調理道具庫であり、これは「食官」庫とも呼ばれる。さらに北回廊部の食糧庫と酒器庫を加えれば、「食」と関係する遺物の占める領域はたしかに「四分の一」を超えて「五分の二」にちかづく可能性があり、その比重が大きかったことが確認できる。

　「食官」は飲食をつかさどる古代の官職である。『周礼』のなかで食官は二番目にあげられており、「衣官」と「内侍」の前、政務をつかさどる「宰官」の次に位置する。おおよそ彼らが天子や王室の食膳を責務とし、一国の主の健康ないし生命とかかわるために、当然その重要性は並々ならぬものがあった。

　海昏侯墓出土の一膳の漆耳杯の底部には、「食官」の二文字が刻まれていた。また別の青銅盆の体部下半には、「昌邑食官の鋗《けん》、容十升、重さ三十斤、昌邑二年造る」の銘が刻まれており、そこには「食官」の二文字だけでなく、「昌邑食官」と明確に書かれており、劉賀やその父が昌邑王であったとき、王国に「食官」という機構を設置していたことをあらわしている。

底部に「食官」の二文字が刻まれた漆塗耳杯
（西蔵槨娯楽用具庫より出土）

劉賀が海昏侯におとされたあとも、飲食の世話をする「食官」が設けられていたにちがいない。

この青銅鋗の刻銘には、明確な紀年があった。武帝は天漢四年（前九七年）に山陽郡を昌邑国に改め、息子の劉《りゅう》髆《はく》を封建して昌邑王とした。この年を昌邑元年とするなら、「昌邑二年」は前九六年でなくてはならない。鋗は古代の計量容器の一種であり、近世の桝《ます》にあたる。銘文からわかるのは、容量が十升、重さが三十斤ということである。

漆塗耳杯のセット
（西蔵槨娯楽用具庫より出土）

海昏侯墓出土の調理・食事・飲酒の道具は多く、土器、青銅器、漆木器などさまざまな種類があるが、青銅器が最も目立つ。一説には、三千点あまりともいわれる青銅器のなかで、日常の起居・飲食・宴会・演奏などのための器具は五百点あまりに達する。鋗・壺・尊・鼎・釜・皿・杵・勺など、その内容はひととおり整っており、ひとかたならず精美であった。

鼎は、夏・商・周時代の最も重要な礼器のひとつであり、国家権力を象徴する「国の宝器」であったが、劉賀の墓からはなんと一度に十個もの鼎がまとまって出土したのである。専門家のなかには、漢代はこのような鼎が主に実用器になっており、宴会での飲酒につかう青銅壺・染炉・几案・耳杯と同じく、被葬者の生前の宴会のようすを体現している、という人もいる。

そのなかで、最も目を引き、最も人々の興味をかきたてるのは、銘文が記されたひとつの鼎である。これには右から左へと七行の銘文が刻まれ、ただ第六行目に「卌（四十）八斤」の三文字が刻まれているほかは、一行ごとに二文字が刻まれており、合計十五文字があった。銘文の釈文は「昌邑籍田《せきでん》の銅鼎、容十斗、重さ四十八斤、第一」とされたが、「容七斗」という人もいる。ある専門家の指摘によれば、「漢代の金文の字体において、「七」字の書き方は、「十」字と同様に横一画と縦一画からなるときがあるけれども、一般的に「十」字は横画が短く縦画が長くなるのに対し、「七」字の場合は横画が長く縦画が短くなる。鼎の銘文の写真と照らしあわせると、

「容」字の下の一文字は「十」であるにちがいない。その専門家本人もこの見方に賛同した。

　この銘文のある鼎の最も重要な意義は、やはり実物というかたちで漢代の「籍田」の事実を実証したことだろう。

　籍田は「藉田」とも書き、古代の古礼のひとつである。毎年初春の正月に春耕がはじまる前に、天子は諸侯をひきいて自ら耕作の儀式をおこない、農耕を重視していることを示さなくてはならない。このようなふるい習俗は、原始社会の部族長が春に耕作播種の音頭をとった伝統に源流をもとめることができる。『詩経』「周頌・載芟《さいさん》」には「芟を載し柞《さく》を載し、その耕すや澤々。千耦《せんぐう》其れ耘《くさぎ》り、隰《しゅう》を徂《ゆ》き畛《しん》を徂く」とあり、周の天子が籍田をおこない、領民をひきいて大規模な耕作をおこなう情景を描写している。「載芟載柞」とは、荒地の草を刈りとり雑木を伐採し、そのあとに荒地を耕し田起こしをおこなうことである。二人一組で一緒に田畑を耕すことを「耦耕」といい、とても多くのペアが一緒になって耕作することを「千耦其耘」という。「徂《そ》」は「往」と同義で、「隰」は低く水をたたえた土地、「畛」は高く隆起した土地で、この句を組みあわせると、意味は「低くくぼんだところや高く隆起したところの土地も、みな田起こしする」となる。『詩序』の解釈によれば、「載芟は春に籍田して社稷《しゃしょく》に祈るなり」という。毛伝には「籍田は、甸師《でんし》氏の掌《つかさど》る所にして、王は耒耜《らいし》もて耕す所の田を載し、天子は千畝、諸侯は百畝なり」とある。「籍」は「たよる」という意味であり、そのため顔師古が韋昭説を引いて、「籍は借なり。民力を借りて以て之を治め、以て宗廟に奉じ、且つ以て天下を勧率し、農に努めしむるなり」と記した。「籍田」の意味は主には勧農であり、農耕を鼓舞することであるとみてよい。もちろん、王侯貴族に注意をうながし、耕さなければその食を得られないという道理を思い起こさせ、農業が国を成り立たせ民を安んずる大本であることを忘れないようにすることにもその意味はある。

　籍田は、中国の農耕社会に特有の文化である。史書の記載によれば、古代の籍田儀礼の挙行日の夜明けには、天子は諸侯や群臣をひきい、まず太牢《たいろう》により神農をまつり、つぎに国都の南郊の農耕地にいたり、天子が鋤を手に三推三反（返とも）し、それから順序にしたがって儀式をおこなう。王公や諸侯は五推五反し、孤卿や大夫は七推七反し、士は九推九反する。最後に籍田令がひきいる配下にこの「見本の田」全面での種まきを完了させ、これによって儀式が完了すると、全国一斉に春耕を命じ、農業の適期を違えないようにすることができる。「三推三反」とか「九推九反」というのは、いずれも「耒《らい》」という土を耕す農具を用いるさまであり、おそらくそのあとで「犂《すき》」による耕作をおこなったのであろう。

青銅鼎「昌邑籍田」銘
（主槨室東室南部より出土）

『漢書』「文帝紀」にみる詔書の一文に、「其れ藉田を開けば、朕親ら耕するを率い、以て宗廟に粢盛《しせい》を給せん」とある。周・漢から明・清まで、どの王朝もこの種の儀礼をとどめていた。唐の玄宗のときにも、籍田礼による一連の儀式がまとまって『大唐開元礼』のなかに記録されている。

「昌邑籍田」銅鼎の銘文は、青銅鼎が昌邑王室の所用であることをはっきりと我々に伝えていた。「容十斗、重さ四十八斤、第二」というのは、やはり鼎の容量と重量とを示しているにちがいない。ある専門家は、『漢書』に記された「籍田」という語は、「古代の吉礼」を意味するだけでなく、「官職」を示している可能性もあるのだという。『漢書』「百官公卿表」には、「治粟内史」の属官の「五令丞」のなかに、「籍田令」と「籍田丞」があることがはっきりと記されている。すなわち、「治粟内史、秦官、穀貨を掌り、両丞有り。景帝の後元年、名を大農令と更《あらた》め、武帝の太初元年、名を大司農に更む。属官に太倉・均輸・平準・都内・籍田の五令丞、斡官・鉄市の両長丞有り」とある。前漢の諸侯王国の官吏の設置は中央政府と基本的に一致していた。そのため「昌邑籍田」鼎と「昌邑食官」鼎とは銘文の意味が同じであり、どちらも官職と理解することができ、それによって「昌邑籍田」鼎は「昌邑王国の籍田令もしくは籍田丞の所用であった」と解釈できる。

　この話は一理あるようにみえ、つまりは民間にも名学者がいるものだ。しかし、おおよそ全面的に的を射ているわけではないと思う。この鼎のような宝器を、「籍田令」が用いることができるのだろうか。「昌邑籍田」鼎は、昌邑王が籍田の儀式を挙行し、神農を祀った礼器ではないのだろうか。考えれば考えるほどわからなくなる。

　とあるメディアの文章では、冗談めかして海昏侯劉賀が「風雅さを身につけた文士であり、また酒好きの殿さまでもあった」と称した。宴会の席にでたり車に乗ってでかけたりすることは、彼の貴族生活のなかでのふたつの快楽であったのだという。海昏侯墓の主槨回廊部の調理道具庫・酒器庫・娯楽用具庫から出土した調理道具・酒器・娯楽用具などといった遺物からみれば、確かに種類は豊富であり、人々の目を飽きさせない。高級貴族であり教養をそなえた文化人として劉賀は、宴会生活でも食のおいしさとみやびやかさの美しく完全な調和に注意を払い、一種の風雅な味わいを追求し、そのため彼の食器・酒器・煮炊き具はすこぶる凝ったものであり、おおよそみな芸術品としての要求にもとづいてつくられたものであった。風雅な宴会生活はたいへん派手だったのである。

　いくつかの特異な造形の「席鎮」は、前漢時代の「地に席して座し、地に席して食す」生活のようすを、具体的な形象として我々の眼前に提示してくれる。

　「鎮」は重しの器具である。「席鎮」は、とばりや筵《むしろ》の角を押さえておくための銅や石でできた重しである。中国古代の室内具の種類は多くなく、かなり洗練された部屋であっても、矮《わい》床《しょう》・几案《きあん》・屏風などのものを設置するのみで、大部分の空間においては、どこでも敷物をひろげることができた。魏晋以前には、古人はみな地面に敷いた草筵の上に座っていたのであり、そのために「地に席して坐す」といった。立ち上がったり座ったりするときに筵の角がめくれるのをふせぐため、鎮は筵の四隅を押さえたのである。『論語』「郷党」には「席正しからずんば坐せず」ということばがあり、座るにも礼法を洗練する必要があったとみることができる。王室や貴顕の家は、矮床を設け、その上にも筵を敷き、あるときはとばりを設置し、とばりの四隅も鎮をつかって重しで固定した。戦国時代の「鎮」には、主に秤錘形と器蓋形の二種類があった。のちに、このように遊び心にあふれた造形はますます洗練されるようになり、人のかたちにつくられ、あるいはさまざまな動物をかたどった小さな彫塑品が、漢代の工芸美術のなかに独自の地位を確立し、漢代のしつらえのみごとな点となり、漢代の瓦当や銅鏡のそれと比較してみても、少しも遜色ないものとなった。鎮は実用の機能のほかにも、邪を払い祟《たた》りをしずめる効能もあった。

　海昏侯墓出土の席鎮は青銅製で、人・鹿・雁・魚・亀・虎などの一風変わった造形のものがある。動物はつねに身体をまるめた体位をとっており、また底部は平坦で、実用性と芸術性の美しい結合と称するに値する。鹿形鎮は、鹿角を前方に突きたて、体を伏せた状態で、前脚は縮め、後脚は体の下に隠れている。鹿の背にはへこみがあり、このへこみに席鎮上半部の装飾をはめ込んだ可能性がある。雁形鎮は頭部を尾に乗せ、ゆったりと休息している状態である。亀形鎮は泰然としてあたりを見まわしながら、まるでゆっくりと這っているかのようである。その背中には玉石の象嵌文様があり、それがふつうの亀ではないことを示している。人物の造形の席鎮は、さらに趣に富んでいる。その身体はでっぷりとしていて、柔和な笑みをたたえ、右手は耳のそばまでもちあがり、現代の「招き猫」のすがたに似たところが多く、もしかしたら人びとに「多聴少説」の教訓を伝えているのかもしれない。

　漢代の人が地面に座ることはまた、席に座って机を別にして食事することを意味していた。宴会のときに採用された机を離して食べるやり方では、各人の面前に一台の食膳が設けられ、その上に各自ひとそろいの食物がならべられる。現在の西洋式の食事にみるような形式であるが、しかし用いられる食器はナイフとフォークでは

青銅鍍金玉石象嵌亀鎮
（西蔵槨娯楽用具庫より出土）

青銅虎鎮（西蔵槨娯楽用具庫より出土）

鹿形鎮（5号墓より出土）

火鍋（東蔵槨調理道具庫北部より出土）

なく、箸とスプーンだった。箸は主に料理をはさむのにつかう。スプーンは当時「匕《ひ》」と呼ばれており、ご飯を食べたりスープをすくうのにつかった。

海昏侯墓出土の青銅染炉もまた、前漢時代の飲食で机をわけて食べていたことの証拠である。宴会のとき、ひとり一台の食膳があてがわれただけではなく、ひとり一セットの染炉があてがわれた。染炉の構造は三つの部分にわけられる。その中段の中心部分は炭炉であり、下部は炭や灰をうけとめる盤状の部品であり、炉の上にはとりはずし可能な食物を盛る杯が設けられ、煮炊き器と食器とを結合して用いた発明品である。

「染炉」というと、いまだに問題となっている考古学の議論を想起させる。はじめ、この器具は「烹炉《ほうろ》」「薫炉」「温炉」などと呼ばれており、その用途には「肉のスープを温める」「香りをたてる」「酒を温める」などさまざまな推測があった。陳夢家はかつて炉の上の杯盤を「鍪《ぼう》」と呼び、煮炊き具とした。容庚は別の伝世品のふたつの炉具の「平安侯家染炉」「史侯家染炉（染杯）」の銘文を根拠に、その名をまさに「染炉」ないし「染杯」であるとした。このような命名は、のちの学者に継承されていく一方で、また銘文の「染」字にもとづく考証がおこなわれ、この種の炉具が漢代貴族の家庭で「糸帛《しはく》を染め」た工具であるとされたこともあった。しかし、近年の研究はこの説をくつがえし、染炉は染色炉ではなく、また酒を温める器具でもなく、調味料を温めてまぶし食べるための専門の器具であると推測している。研究者らは、『呂氏春秋』「当務」のなかの、次のような話をもとに論じている。斉の国にふたりの勇士がおり、ひとりは城の東に住んでおり、もうひとりは城の西に住んでいた。ある日ふたりがたまたま遭遇し、店で飲む約束をした。はたして肉なしで酒を飲み、各自の「勇」を競うため、相談してたがいの肉を割いて食べることに決め、「是に於いて染に具《そな》うるのみにして、因りて刀を抽きて相啖《く》らい、死に至りて止まる」という事態におちいった。この話の結びのことばは「勇此くのごとくんば、勇無きに若かず」であり、人々に深慮をうながしている。漢代の学者の高誘が注釈していうには、故事の「染」とは「調味料をまぶす」すなわち「調味料を染して食べる」ことであり、そ

青銅染炉（主槨室東室南部より出土）

のため染炉は調味料を温めるのにつかわれた食器であり、厳冬の時期の使用に適していたと推定している。しかし、『礼記』「曲礼」の論法を参考にすると、[7] 古人は冷めた食事に調味料をまぶしたのであり、温める必要はなく、漢代の人も例外ではなかったにちがいない。『呂氏春秋』のなかの「染に具うるのみ」とは当然、食卓に染具をだして食事をすることをほのめかしており、この染の器具は明らかに染杯と染炉のことである。しかしふたりの蛮勇の狂人は、肉を割いては染をしており、現在のしゃぶしゃぶのようにしていた可能性がある。つまり「染炉」は実際には一種の火鍋（しゃぶしゃぶ鍋）であり、漢代のたいへんみやびな飲食方式だったのかもしれない。

　しかし、海昏侯墓のふたつの「染炉」をみると、あのような浅い杯盤に、湯を注ぎ肉を泳がせることができるのか、はなはだ疑問である。そこで大胆な考えを示すならば、これは焼き肉をするための小型炉ではないか。生肉を杯盤のなかに入れ、焼いてはひっくり返し、レア、ミディアムレア、ミディアム、ウェルダンにする。焼けたときに、しばしば調味料をつける。あるいは多めに、あるいは少なめに、あるいは塩辛く、あるいは薄味に、客それぞれの好みにしたがって決めれば、なんと愉快なことではないか。「染」ということばには「着色」「感受」「接触」などの意味がある。杯盤に触れて火を受け、熱が通ることを「染」といい、調味料をつけることもまた「染」という。これが「染炉」の名前の由来ではないだろうか。再び『呂氏春秋』「当務」の話のなかの情景を復元すると、ふたりの荒くれ者はたがいに肉をそぎあい、染炉に入れて焼

銅火鍋（東蔵槨北部酒器庫より出土）

青銅製蒸留器（東蔵槨北部酒器庫より出土）

青銅製蒸留器（東蔵槨北部酒器庫より出土）

銅漏壺
（東蔵槨北部酒器庫より出土）

き、灰色の煙がたちのぼり、ジジジという音をたてる……なんと、やはり本当におぞましいことだ。

火鍋に似たものは、実は海昏侯墓にもうひとつある。

これは青銅製の三足器であり、火鍋のかたちに類似し、上端部は内湾しており、蓋をかぶせるのに向いている。張仲立は「これは実用の火鍋である。これには使用した痕跡がある。すなわち、炭盤のなかには炭の痕跡があり、鍋のなかにも使用したあとがあり、さらにはクリなどの残留物まで残っていたからだ」という。こうしたことから、当時の貴族はすでに青銅製の火鍋をつかっており、またこの火鍋の造形は優美で、技巧は精緻であることから、平民のつかうようなものではないと考えられた。また、北京大学考古文博学院教授の胡東波は、「この火鍋に似た器具は保温器であり、本当の意味での火鍋ではない可能性がある。炭盤で受けることができる炭の量に照らして考えると、食物を直接煮るのはむずかしく、すでに煮てある食物を食膳にだして保温するために用いたのではないかと推測する」と述べている。

同時に出土し、熱い議論を引き起こしたものとして、「青銅蒸留器」がある。これは「青銅火鍋」とともに江西省の領域内では初めての発見である。発掘調査隊の隊長である楊軍はこのように述べる。「はじめ、我々はこの器具はジュースをつくる、あるいは煉丹をつくるためにつかわれたと考えていた。しかし鑑定をへて、芋の残留物を発見した。現在でも日本で製造されている焼酎の主要な原料のひとつは芋である。残存物の発見により、専門家たちはこれが蒸留して焼酎をつくるのに用いられた器にちがいないと考えるようになった。」

これまでに中国で発見された最古の酒造用蒸留器は、今から八百年あまり前の元代のものである。海昏侯墓の器物がもし前漢時代にすでに蒸留白酒が存在していたことを証明することができるのならば、中国の蒸留酒の歴史はたちまち千年あまりさかのぼることになり、まさに歴史の一頁が書きかえられることになるだろう。

海昏侯墓出土の宴会用器具のなかには、酒を入れるのにつかわれた青銅提梁卣《ゆう》と青銅盉《か》もある。盉は古人が酒と水との比率を調整するのに使った器具であり、水によって酒の味の濃淡を調節していた。盉の器形は比較的多様であるが、ふつうはまるい口縁、深い体部をもち、蓋をともない、前に「流」（注ぎ口）があり、うしろに鏊《ばん》（側面にある把手）がつけられ、蓋と鏊とは鎖によって連接されている。海昏侯墓の銅盉の下部には三つの脚があり、脚の下部には図像が彫り込まれ、流は鳥の頭のかたちに鋳あげており、はなはだ趣があった。

青銅釜は古代の煮炊き器であり、口縁はすぼまり、底部は丸く、鬲《れき》のようにかまどに設置し、その上に甑《こしき》を置いて食物を蒸したり煮たりする。

青銅提梁壺は、円形で脚をもち、上部は蓋で覆い、両側には環鈕をとりつけ、鎖によってもちあげる。多くの人が必ずしも認知していないが、この遺物は実は古代の「飯盒《はんごう》」である。

飲食器、貯蔵器などの容器のなかには陶瓷器《とうしき》もいくつかあり、青瓷双耳罐・陶罐・陶鼎・陶合子・双耳陶壺・双耳陶罐などがあり、スタンプ文様で装飾し、前漢王朝の雄渾豪放な気風をもっていた。そのなかには文字が刻まれた陶器もあった。

海昏侯墓の北蔵槨からは、山のように積まれ五穀や雑穀が出土した。

考古学の専門家はこのなかから脱穀したアワとマクワウリの種を検出した。回廊部のもっとも東側の青銅製蒸留器のなかには、クリ・クロクワイ・ヒシなどの植物の実がぎっしり詰められていた。とりわけ注目に値するのは、方形の漆塗合子のなかから、調査員が合子の半ばまで盛られた冬虫夏草のようなものを発見したことである。その上には泥水が満ちていたが、外形は今の市場で売りだされている冬虫夏草と異なるところがなかった。信立祥の説明によると、明の李時珍『本草綱目』のなかに冬虫夏草に関する記載があるのに対し、秦漢代の『神農本草経』にはそれがない。もしこの発見物が確かに冬虫夏草であると実証できるのならば、中国の「冬虫夏草を薬とする」歴史もまた千年さかのぼり、歴史の一頁をここでもまた書き換えることになろう。

また専門家は、酒器庫で発見された青銅投壺をもとに、次のような推測をしている。すなわち、海昏侯は客と一緒に酒を飲み、一緒に投壺をして戯れていた可能性がある。投壺は漢民族に伝統的な儀礼と宴会で用いられる遊戯であり、射礼から変化して成立した。『礼記』「投壺」⑧に言うことには、「投壺は、主人の客人と宴（燕）飲し、才芸を講論するの礼なり」とのことである。投壺は漢代にいたって、儒士の高雅な遊びへと発展した。

海昏侯墓の酒器庫からは水時計（漏刻）の一種である青銅製漏壺も出土した。これまでに中国で発見された六番目の、水滴によって時刻を知らせる青銅製漏壺であり、江西省では初めての発見である。青銅製漏壺という一種の計時器具が、なぜ酒器庫のなかにおさめられることになったのだろうか。古代の宴会では比較的厳格な時間制限があったのかもしれない。それゆえ、青銅製漏壺によって客の目を覚まさせなくてはならなかった。つまり、飲食には節度が求められ、天下には終わらない宴席はなかったのではないだろうか。

訳注

⑦ 「曲礼上」か。該当箇所不明。食膳にならべられる料理が取りわけられた完成品であり、鍋などの保温器具をともなわないことを指すものか。

⑧ 『礼記』ではなく『礼記正義』に「陸曰、鄭云、投壺者、主人與客燕飲、講論才藝之禮也」といった一節がある。

一箱一箱の黄金、山のように積みあげられた貨幣……。

現場経験の豊富な考古学の専門家も信じられず、首をかしげながら「みたことがない、みたことがない」というばかりだった。

当然、それはなんら「みたことがない」黄金貨幣ではなかったが、考古学の専門家はなにをみたことがなかったのだろうか。それは、かつてないほどの大量の黄金で、ありとあらゆる種類の、巨大な貨幣の堆積であった。海昏侯墓考古隊隊長の楊軍も、「我々は銀行を掘りだしてしまった、という人がいるくらいだ」と笑いをこらえきれなかった。

中国の漢墓から発見された黄金と貨幣のなかで、最も完全なかたちで保存され、最も多くの数量が集中した一大発見であることは、疑いようがなかった。ニュースがひとたび公開されると、新聞・雑誌やウェブなどの各種メディアで、一瞬のうちに鋳銭の炉が赤く熱せられるようなありさまとなった。

九、形も色もさまざまな銭

麟趾金（「上」「中」「下」の銘文がある）

主棺開封の前までに海昏侯墓から出土していたのは、馬蹄金四十八個、麟趾金《りんしきん》二十五個、金餅二八五個であったが、棺槨のなかにも金板二十枚、金銀象嵌の器物三千個あまりが存在した。これらの金器はすでにみたように主槨室内にならべられ、漆箱のなかに入れられていた。漆箱は全部で三個あり、漆箱一個ごとに百個ちかい金器が入っていた。分析の結果、これらの金器はすべて純度が九九パーセント前後であることがわかっている。

漢代の法定黄金貨幣には、金餅・馬蹄金・麟趾金・金五銖銭などがある。金餅は比較的多くみられるものの、馬蹄金はめずらしく、麟趾金と金五銖銭はとくにめずらしいことから、この二種は大多数の人々にとって「伝説中」のものでしかなかった。

麟趾金は漢の武帝の太始二年（前九五）に鋳造された。『漢書』「武帝紀」によると太始二年の詔書は、この年の春に漢の武帝が天下を巡行し、長安に戻ったのちに発布されたもので、武帝自ら西の隴山に登って白麟を獲得し、渥洼水《あくあいすい》のほとりで天馬をみつけ、泰山で黄金をえたことから、「今黄金を更《あらた》めて麟趾褭蹄《じょうてい》と為し、以て瑞に協せん」と麟趾金の鋳造を命じている。これについて唐代の経学者の顔師古は、「応劭《おうしょう》曰く、白麟を獲て、馬の瑞有り、故に黄金を改鋳して麟趾褭蹄のごとくし、以て嘉祉に協するなり、と。武帝は祥瑞を表さんと欲し、故に普《あまね》く改鋳して麟足馬蹄の形と為し、以て旧法を易《あらた》むるのみ」と注釈をつけている。

麒麟、天馬、泰山の黄金は、漢の武帝と群臣らによって「祥瑞」とみなされ、それらは天帝が武帝の統治をたたえ、その意思を瑞物・瑞象として伝えたものと理解された。たとえば麒麟は、民間において「瑞獣」と称され、「麟」「龍」「鳳」「亀」の四霊の筆頭に置かれた。図像や彫刻の形象からみると、麒麟は実は鹿・馬・牛・羊・狼など毛の長い動物の合成獣である。すなわち、羊の頭、鹿の体、馬の脚、狼の爪、牛の尾をもち、一本あるいは一対の鹿角をそなえている。古人は、麒麟は文質そなわり、一挙一動がどれも美しく、品行が高潔で、そのほかの動植物を決して傷つけないと考えていた。また麒麟はめずらしい長寿の動物であり、短くて千年、長ければ三千年の寿命を有するという。伝統文化のなかで麒麟と龍鳳はともに吉祥の象徴となり、仁道徳政・賢君明主・理想社会に対する古人のあこがれと賛美の思いが託されて、「盛世麒麟を出だす」といわれるようになったのである。

この三つの瑞祥の出現を記念し、漢の武帝は詔《みことのり》を下して「麟趾」「褭蹄《じょうてい》」をかたどった金製貨幣を鋳造させた。「麟趾」は、麒麟の足跡のことである。『詩経』「周南・麟之趾」に、「麟の趾《あし》、振振たる公子。麟の定《ひたい》、振振たる公姓」という句がある。周の文王の子孫は賢明にして徳をそなえ、みな麒麟のあゆみのように規範にかなっており、進むべきときに進み、止まるべきときに止まり、善徳をもって世に施し、周の礼法をおかすことはなかった、というのである。このことから「麟趾」はもっぱら王室やその子弟の徳行がすぐれていることをたたえることばとなった。後世の文人はしばしば好んで「麟趾呈祥」といった吉祥句を書いて新婚夫婦に贈呈し、かれらが忠義にあつく仁孝にすぐれた次世代を生み育ててゆくことを祝福したのである。「褭蹄」とは天馬の蹄であり、実のところふつうの馬の蹄と形態上の差異はない。いずれにせよ、これらのことから、漢代に「麟趾」と「褭蹄」を名とする金製貨幣があったことがわかる。この種の金製貨幣の実物は、従来ほとんど痕跡すらないにひとしく、長年にわたって、少なからぬ学者が想像をもとにその形状を推測するのみであった。

海昏侯墓出土の馬蹄金は、楕円形あるいは円形を呈し、底はくぼみ、中空で、その形状は馬の蹄に似ている。麟趾金は瑞獣である麒麟の足を模して鋳造されており、円形あるいは不規則な円形を呈し、背面は中空で、口縁は小さく底部は大きく、そのかたちは円形の獣の足に似ており、みたところブーツあるいは昔の纏足女性の「三寸金蓮」のようである。これら二種の金製貨幣はどちらも祥瑞を記念するものであり、後世に発行された記念貨幣に少し似ている。これらは主に諸侯王への賞賜として用いられた。流通用の貨幣としてつくられたものではないため、出土量が非常に少なく、いっそう貴重なものとなったのである。

計測をへて、馬蹄金の小さいものは四十グラム、大きいものは二六〇グラム、平均重量は二四〇グラム前後であることがわかった。大きい馬蹄金の底部には「上」「中」「下」の文字の銘文があり、これが黄金の成分を示す符号である可能性がある。また、麟趾金の平均重量は八〇グラム前後だった。この種の黄金はもともと天を祀るために用いられたもので、棺槨付近にならべられていたのは、あるいは天馬・瑞獣が被葬者を導いて昇天するという象徴的意味があったのかもしれない。

これら記念的性格をもつ金製貨幣の製作技巧は非常に洗練されていた。馬蹄金に象嵌された麦穂形の装飾、内部のフック、馬蹄底部の文字などは、どれもはっきりと見てとることができる。馬蹄金と麟趾金は、型づくりと象嵌の技法を用いてつくられており、金糸を変形させて装飾していた。馬蹄金のなかからは、考古学の専門家が「琉璃《るり》」を発見した。

「琉璃」はまた「瑠璃」とも書き、さまざまな色を呈する人工水晶を原料とし、千度以上の高温で煉られて製作される。流れるような彩りがあり、透きとおって美しい。中国古代において最初に琉璃を製作した材料は、青銅器鋳造の際に生成される副産物から獲得されており、精錬加工をへて琉璃が生成される。琉璃の色は多種多様であるために、古人はこれを「五色石」とも呼んだ。民間で入手するのは困難で、古代には玉器とくらべても貴重な物品であった。史料の記載によれば、前漢では琉璃を生産することは一切なく、全面的に輸入にたよっており、そのため値段は非常に高価だったという。しかしこれらの馬蹄金の内部の琉璃がどこで製作され、どのようにもたらされたかは、理化学的分析の結果をまつ必要があり、それによりあるいは漢代の琉璃をめぐる交易の手がかりをさがしだすことができるかもしれない。

沈括の『夢渓筆談』「異事」には、「襄随の間は、故《もと》の春陵白水の地にして、土を発けば金の麟趾裹蹄を得ること多し。麟趾は中空にして、四傍に皆な文あり、刻むこと工巧を極む。団餅を作すに、四辺に模範の迹なく、平物上に滴らして成るに似たり。今の干柿のごとく、土人これを『柿子金』と謂う」とあり、北宋代の文人はすでに麟趾金と馬蹄金に注目しており、まためずらしい「異事」とみなして随筆に記した。ただ、沈括の描写する馬蹄金は丸餅形を呈し、融けて液化した金が平たい物の上でできたようであり、現在なお食べられている干柿のような形状だという。海昏侯墓出土の実物と対照すると、沈括の記録はまったく正確ではないことがみてとれる。干柿に似た形状のものは馬蹄金ではなく、「金餅」であるにちがいない。

金餅は海昏侯墓のなかで最も多くみる黄金貨幣であり、漢代の黄金貨幣の主要形式でもある。「餅金」「金餅」「柿子金」という三種類の呼び方がある。「柿子金」の名称は、まさに金餅の形状が押しつぶされた干柿に似ていることに由来する。『後漢書』「楽羊子妻伝」には「羊子嘗《かつ》て路を行くに、金一餅を得たり」とあり、ここに述べられているのが漢代の餅金である。海昏侯墓出土の餅金は丸餅形を呈し、表面はたたきつぶされ、中央が陥没し、縁辺が突出している。背

金器の出土状況（主槨室西室北部より出土の馬蹄金・麟趾金・金餅）

馬蹄金（「上」「中」「下」の銘文がある）

面は凹凸が不規則である。海昏侯墓以外の場所で出土した漢代の餅金の形状はこれと同じで、上面には文字か符号が刻んであることが多い。そのあるものは人の姓もしくは名をあらわし、あるものは官職をあらわし、あるものは干支あるいは方位を書きあらわしており、あるものは数字を記し、あるものは重量を記しており、たとえば斤八両、斤九銖、一斤二両九銖、一斤八両四銖、一斤八両四などがあるものの、釈読できない符号を刻んだものも多い。

　漢代金餅の金の含有量は高く、ふつうどれも九五パーセント以上である。それぞれの金餅の大きさや厚みは不揃いで、重量にはそれぞれ差異があるものの、大きなものは一個二五〇グラム前後で、これは漢代の黄金貨幣が一斤を基準として計算されていたことと対応する。一方、小さなものは重さわずか一五グラムほどしかない。既往の漢墓の調査で出土した金餅をみると、あるものは周縁に切断された痕跡が明瞭に残っており、金餅が流通貨幣であると同時に、交易に際して必要であれば任意に切断して使用することもできる一種の秤量《ひょうりょう》貨幣であったことを示唆している。

　海昏侯墓出土の金餅の大きさはそろっており、一個が約二五〇グラム、直径は約六・三センチメートルで、これまで出土した金餅と基本的に同じ形状であるが、純度はどれも九九パーセント前後だった。

　これらとは異なる形式の黄金として「金板」がある。二十枚の大きな金の板が現れると、メディアはまた大騒ぎとなった。金板はそれぞれ長さ二三センチメートル、幅約一〇センチメートル、厚さ〇・三センチメートルで、手作業で鋳造・成形されているために、大きさや寸法は不揃いで、厚みは異なっている。調査員がそのなかの一枚の重量を計ってみると、八、五三四グラムで、大型の馬蹄金四個分の重量に相当した。これらのうち、長さ約二〇センチメートル、幅約一五センチメートル、厚さ〇・五センチメートルの一枚の金板の上に、文字と図案が刻まれているのを調査員が発見した。これについて専門家は、この金板はたいへんめずらしい「金冊」、すなわち古代の皇帝が冊封の儀礼に用いた金の詔書であった可能性もあるという。

　海昏侯墓出土の麟趾金・馬蹄金・金餅・金板は、どれも「酎金《ちゅうきん》」に属するという専門家もいる。「酎」とは本来、何度も醸造された酒のことを指し、『説文解字』に「三たび重ねて醇《じゅん》せし酒なり」という。古代において祭祀に用いられた酒である。「酎金」とは、すなわち皇室が太廟で

金餅（「南海」「臣賀」「元康」の墨書をもつものがある。内棺と外棺の間の南部から出土した。）

金板（内棺と外棺の間の南部から出土）

祭祀をするときに諸侯が奉納して祭祀をたすけるための金塊である。海昏侯墓出土の金餅には、墨書のある金餅がひとつあり、そこには「南藩海昏侯臣賀、元康三年酎金一斤」と記されていた。これにより、これらの金餅が当時の酎金制度と関係があることが明らかである。酎金は漢の文帝の時期にはじまり、毎年八月に宗廟で祭祀をするにあたり諸侯王と列侯がみな本国の食邑の人口によって献金の数量を決め、祭祀をたすけた。その規定は厳格であり、もし酎金の純度がよくなければ、貢納したものは王侯の位を失う可能性すらあった。『史記』の記載によれば、漢の武帝はかつて酎金の純度不足を口実にして、諸侯王および列侯の勢力を削減し、打撃を加えたことがあるという。それ以降、王侯クラスの高級貴族はみな大量の高純度の黄金を用意し、いささかも懈怠《けたい》を示さないようにした。

　馬蹄金と麟趾金は、前漢皇帝が諸侯にひろく下賜した記念品であり、天の祭祀に用いられたものとみられる。一方、金餅と金板は貯蓄に適した通貨であり、被葬者の生前の「貯蓄金」である。考古隊の隊長である楊軍が推測するには、列侯になったあとの劉賀は、宗廟の儀礼に関与する権利を剥奪され、長安に赴き自分の先祖を祀ることは二度とできなかった。しかし彼はずっと、「一朝の命令の下に、王の身分を回復し、長安に帰って宗廟に奉仕することができると夢想していた。このため、彼は財産を蓄積し、先祖を祀るために準備をおこなっていたが、その準備が整っても夢想していたことが実現することは決してなく、そのためすべてを墳墓のなかにもっていったのだ」という。

　本書を脱稿した段階で、海昏侯墓からは金餅二八五個、馬蹄金四十八個、麟趾金二十五個、金板二十枚の出土が確認され、金銀器の総数三七八件、その総重量は八十キログラムあまりに達している。これまで中国において調査された漢墓のなかで、発見された黄金の数量は最も多く、種類は最も豊富である。それ以前に漢代の黄金貨幣が出土したのは、公表されているところによれば十四省市の二十七地点であり、分布領域はひろいものの、出土数は多くなかった。一九九九年、陝西省西安市未央区の東十里舗村において、煉瓦工場の粘土採掘にともなって、一度に二一九個の金餅が発見された。一個あたりの重さは二四七グラム前後で、一度に発見された数量としては最も多い事例であり、中央政府の備蓄と考えられている。河北省満城の中山靖王劉勝墓ではあわせて六十九個の金餅が出土している。一般の漢墓では通常一～二個が出土するだけであり、まれに四～六個に達する場合もある。劉勝の墓では、出土した金餅の数がかなり多いとはいえ、どれもサイズは小さい。漢代の一斤は約二五〇グラムなのに対し、一号墓から出土した四十個の小さい金餅は合計の重量が七一九・四グラムしかなく、三斤にも満たない。二号墓出土の二十九個の小さい金餅は合計の重量が四三八・一五グラムであり、二斤に満たない。漢代の黄金貨幣の出土は、非常にまれでめずらしいものなのである。二〇一〇年、チャイナガーディアンオークションに一個の金餅が出品されたとき、値段は八〇、〇〇〇～一二〇、〇〇〇元と推定された。開幕後、コレクターたちはこぞって手をあげ、価格は暴騰し、最後にはなんと一九〇、四〇〇元で落札された。

　陳直の『両漢経済史料論叢』[9]は、清の顧炎武『日知録』や趙翼『廿二史箚記』の記事を引用して、漢代における金の使用量が厖大であったことを述べている。皇帝は貴族や外戚に恩賞を下賜したが、そのたびに数百から数千金もの量の金を用いた。海昏侯墓出土の莫大な黄金は、この認識を改めて裏づける証拠を提供した。しかし、このことは別の重要な問題を派生させることにもなった。漢代の金鉱山については、ごく限られた記録しか残されていない。『漢書』「地

五銖銭（北蔵槨銭庫より出土）

理志」は、前漢の桂陽郡に金官があり、予章郡鄱陽県から黄金が採掘されたことを記しており、『華陽国志』巻二は、梓潼郡の涪県と晋寿県、陰平郡の剛氏（氐）県に金銀鉱山があることを述べている。しかしこのほかに、参考となる記載はひとつもない。前漢時代の金がいったいどこからもたらされていたのかは、謎である。ある学者はシルクロードを介してもたらされたといい、中国と西方を結ぶこのふるくからの交通路が、絹の交易路であっただけでなく、瓷器《しき》、香料、金銀珠宝の交通路でもあったと論じている。

　海昏侯墓から出土したのは大量の金だけではない。「銭」もまた人を仰天させる量であった。

　考古学調査員がいうには、北蔵槨銭庫の木槨頂板がとりはずされたとき、あらわになったのは文字どおりの銭の山であり、積みあがった高さは約二メートルに達した。これらはすべて漢代に流通した貨幣である五銖銭で、総重量は一〇トンあまり、総数は二百万枚ちかく、その価値は五〇キログラムの黄金に相当する。これらの貨幣は細い縄で綴られており、ひとまとまりにつき千枚があり、これは「一貫」に相当する。この大発見が初めて証明したのは、唐宋以来の「千文一貫」という計量制度の起源が前漢にあり、最もふるい宋代の史料より千年あまりもさかのぼることである。

　秦から前漢前期にかけては、「半両」銭が流通した。漢の武帝の元狩五年（前一一八年）に初めて「五銖銭」を発行した。「銖」は重量の単位で、古代では六銖が一錙《し》に、四錙が一両に相当し、一両は合計で二十四銖になる。したがって「五銖」銭の重量は、一錙よりやや小さく、五分の一両より大きい。五銖銭は秦代の半両銭の形状を踏襲し、大きさや重量が適切な銅鋳銭へと発展し、円形の輪郭に方形の孔をもつという中国銅銭の伝統を定着させた。既知の貨幣のなかで、五銖銭は中国で最も長い間使用された貨幣である。唐の高祖の武徳四年（六二一年）に「五銖」を廃止し、「開元通宝」が発行されるまで、五銖銭は七三九年にわたって流通し、そのため貨幣の世界では「長寿銭」と呼ばれている。

　奇妙なことに、考古学調査員が主槨室の漆塗の笥のなかから、五銖銭を鋳造した石范《せきはん》をひとつ発見している。范とは、すなわち鋳型である。前漢時代の金属製品の製造において、ひろく用いられたのは范による鋳造技術であり、踏みかえしによる製作はまだ出現していなかった。鋳銭はまず貨幣のかたちをした凹みのある范をつくる必要があり、そのあとに溶かした青銅の湯を范のなかに注ぎ込み、冷やしたあとに貨幣の未成品をとりだし、切断と研磨の工程をへて、重量を検査し、そこで正規品として合格した正式な貨幣ができあがる。みたところこの石范の材質は特別にすぐれたものではなく、欠損もあるものの、「五銖」の二字は明確に判別できる。しかしこの発見には、不可解なところがある。第一に石范は高熱を受けて簡単に破砕してしまうことであり、第二に貨幣の私鋳は当時死罪にもなりかねない犯罪だったことである。それでは海昏侯墓の石范は、いったいどのような用途があったのだろうか。ある専門家によれば、漢の武帝が五銖銭を初めて鋳造させた際、初代海昏侯を含む国内の諸侯や王公が私鋳を企図したり実行したりする可能性を排除せず、そのため石范は海昏侯の祖先から伝来してここにもたらされ、そののち「人に告白できない秘密」を墓までもっていった可能性があるという。また別の専門家によれば、この石范は海昏侯が貨幣を私鋳した証拠であり、随葬された一〇トンもの五銖銭は、もしかしたらこの石製鋳型から鋳造したものかもしれないという。

訳注

⑨——陝西省人民出版社、一九八〇年。

十、精美をきわめた玉

「玉《ぎょく》」は中国人がこよなく愛するものだ。西方の人は宝石を好むため、玉を愛し玉を用いる伝統は中国文化の個性的な点のひとつとなった。中国人は玉を天地の精気の結晶であり、その文化のなかで特別な象徴的意味をもつものとみなしてきた。帝王の宮廷では、玉は等級や身分や地位の象徴として、「礼制」を構成する重要な要素となった。玉は清らかで滑らかな質感をもつという特性から、また君子の徳の象徴ともなった。「性白玉のごとし」「潤沢にして以て温なり」「瑾《きん》を懐《いだ》き瑜《ゆ》を握る」「白璧にして瑕《か》無し」「氷清玉潔たり」「玉壺氷心」……これらのことばはすべて、徳行に対する賛美である。

子貢が孔子に問うた、「君子が玉をたっとび、珉《みん》をいやしいものとするのはどうしてでしょうか？　玉は希少で、珉は夥多であるからでしょうか？」。〔珉とは玉に似た石ころのことである。〕

孔子が答えていうには、「玉が希少だからそれが貴重とされるわけでは決してなく、また珉が夥多であるからこれが軽んじられるわけではない。昔の人は君子の美徳を玉の特長になぞらえた。玉は温かみやうるおいを含んだ色艶があり、光沢があるが、これは仁に似ている。細密で堅実なことは、智に似ている。角があっても人を傷つけないのは、義に似ている。垂下されて低くなるのは、礼に似ている。玉をたたけば音ははっきりとのびのびと響き、やがて不意に鳴りやむのは、楽に似ている。玉についた瑕《きず》はその美しさを覆いかくすことはなく、また玉の美しさがその瑕を覆いつくしてしまうことがないのは、忠に似ている。玉の色が透明に光り輝き、光があふれでているさまは、信に似ている。玉の光が白色の虹のようにみえるのは、天に似ている。玉の精気が山川の間にあらわれるさまは、地に似ている。朝廷がだれかを招くときには、特別に玉でつくった珪璋《けいしょう》により意を伝えるのは、徳に似ている。世間の人が玉を珍重しなかったことがないのは、道に似ている。『詩経』には、私がついにあの君子を思いおこすことができたのは、彼が美しい玉のように謙虚で温和であったからだ、とある。だから君子は玉を貴ぶのだ」とのことであった。

獣面紋玉剣格（主槨室東室南部より出土）

穀紋玉璧（内棺と外棺の間の南部より出土）

孔子は玉を論ずるにあたり、一度に「十一の美徳」を列挙した。すなわち、「仁」「智」「義」「礼」「楽」「忠」「信」にはじまり、「天」「地」におよび、「徳」「道」で終わる。これにより玉に付与された意味が、なんとも深く豊かであったことを知ることができる。

　古文字に触れたことのある人は、きっと奇妙に感じるだろう。「玉」という字になぜ最後の点が加えられていないのだろうか。なぜ帝王を示す「王」と同じかたちになるのだろうか。漢字のなかで部首が「王」の字になっているものは、なぜどれも玉とかかわりがあり、またなぜそれを「玉偏」などというのだろうか。これに関しても大きな理由がある。董仲舒が説くには、「古の文を造るは、三画にしてその中を連ねれば、これを王と謂う。三は、天地人なり。而してこれに参通する者は、王なり」という。『説文解字』に段玉裁は注をして「玉」の字形は「三玉の連貫なり」と述べている。つまり「玉」字を形成する三本の横画と一本の縦画は、一本の糸により貫かれた三つの玉を象徴しているのだというのである。興味深いのは、「王」の別称である「皇」の字が、まぎれもなく「白」と「玉」の組みあわせだということである。このようにみると、古文字の「王」と「玉」の字形が同じであるのは、書きまちがいではなく、また偶然の一致でもない。「天地人の参通」と王の連貫は、奥深い関係で、意味深長である。そして「三玉の連」も確かに「天地人の参通」を表現している。『周礼』「大宗伯」には、「玉を以て六器を作り、以て天地四方に礼す」とある。すなわち玉に天地や四方を象徴する役割があるため、玉を介して天・地・人の間において意思や願望を伝えることができるのである。

　中国の玉使用の歴史は遠く昔にはじまり、長い歴史がある。はやくも七千年前には南方の河《か》姆《ぼ》渡《と》文化の担い手たちが意識的に美しい石を選びとり装飾品を製作し、自身をかざり、生活に彩りをあたえることをはじめていた。今より四千〜五千年前の新石器時代中後期には、遼河流域、黄河上流域および下流域、長江南北岸において、玉使用は普遍的な文化現象となっていた。玉文化は夏・商・周三代をへて発展し、漢代までにはすでに中国の玉文化の基本的な枠組ができあがっていた。

　漢代は中国古代の玉器発展の黄金期であり、王侯貴族から官吏や宦官、民衆、知識人や文化人にいたるまでみなが玉器に強くあこがれていた。武帝が西域へのルートを開通してからは、大量の良質なホータンの玉が中原地帯に流入し、

韘形佩（龍、虎、鳳の文様の透かし彫り。主槨室東室南部より出土）

漢代の玉器製作に上質な原料を提供した。

漢代の玉器はおおよそ礼玉・葬玉・飾玉・陳設玉の四種類に大別できる。漢代玉器の特色と彫琢技術の水準を最もよくあらわしているのは、葬玉と陳設玉である。漢の玉は陰刻の彫刻により知られている。目立つところにはいつも髪の毛のような細さの陰刻をおこない、古い絵画の筆づかいのように力強い。この種の技法は後世の玉器にも強い影響をあたえた。

海昏侯墓では、金器の多さが世界を震撼させたが、玉は特別もったいぶったかのようにおくれてすがたをあらわし、金器のような輝かしさや自己主張はなかった。そのため、参観者のなかには失望して嘆息する者もいた。玉器はなんと少ないのだろう、と。

二〇一五年十一月十八日、海昏侯墓の主槨室の東室の片隅で、三つの玉器がすがたをあらわした。そのうちの一点の玉器ははっきりとすがたをみることができた。現場の考古学の専門家がいうことには、それは玉環であり、屏風に象嵌された三角の幾何学紋のなかから落下したにちがいないとのことであった。そして棺槨ちかくの一点の玉佩飾は最も目を引くもので、みながその玉佩を「精美をきわめている」と称賛した。

信立祥はこれを聞いて大いに喜び、すぐさま現場にかけつけた。仔細な観察ののち、彼はその玉佩飾が形状から判断して「韘形玉佩《しょうけいぎょくはい》」である可能性が高いと判断した。玉佩はおおよそ手のひらほどの大きさで、七・二センチメートル×一〇センチメートルであり、精巧につくられ、左側には一体の龍が、右側には一羽の鳳が彫刻されており、その時点ではまだ判然としていなかった被葬者の身分がきわめて高貴であることを示していた。もちろん、材質からみても技術からみても、この玉佩は漢代の玉器の最高水準のものであった。

「なんと美しい。これとまったく同じものはみたことがない。唯一無二のものだ」と、張仲立は興奮をおさえることができなかった。彼によれば、韘形玉佩は玉韘が変化して成立したのだという。「韘」とは、もともと矢を射るとき右手の親指に装着して弦を引くための道具であり、主に親指を保護するのに用い、俗に「扳指」と呼ばれていた。玉韘は戦国時代に盛行し、漢代までにだんだんと佩飾玉の主要形式となっていった。佩飾玉は身分と地位の象徴である。玉佩飾が精美になればなるほど、その持ち主の身分は高くなる。

江西省文物考古研究所所長の徐長青の説明によれば、二千年あまりにわたって密封されていたため、この玉佩飾は依然として透きとおった輝きを放っており、風化による一点の曇りもなく、非常に得がたいものだという。一九八三年、広東省南越王墓で一連の漢代初期の精美な玉器が出土し、これは漢代玉器の最高峰の作品と呼ぶに値する。しかし、海昏侯墓出土のこの玉佩飾は、材質と技術水準のどちらにおいても南越王墓出土の玉器よりもさらにすぐれている、というのである。

主槨室東側の頂板の下部には、青緑色の玉璧がその「体」を半分あらわにしていた。徐長青の判断では、この玉璧は穀紋玉璧であり、また葬玉の一種であるという。古人は玉器には特殊な効能があり、玉を副葬し、遺体の各部位にかぶせることで遺体の腐朽を防止し、遺体を保護する効果があり、同時に被葬者の尊貴な身分を表示できると考えていた。ふつう、この種の玉璧はセットで被葬者の遺体の胸の上と背中の下に置かれている。それらは一定の規則にしたがって配列され、また織帯によって相互に連結されており、さらにその玉璧の表面には一枚の織物が取りつけられ、胸の上と背中の下の玉璧のそれぞれをひとつに連ねるのである。

玉環（主槨室東室南部より出土）

既往の調査で発掘されている漢代諸侯王やその親族の墓葬を参考にすると、死者の胸と背中には確かにいくつもの玉璧が置かれている。中山靖王劉勝の胸の上と背中の下には合計十八点の玉璧が置かれており、南越王趙眜《ばつ》の玉衣の上と中と下には合計十九点の玉璧が置かれていた。漢墓において死者の胸と背中に玉璧が置かれるのは、先秦期の制度のなごりにちがいなく、これらの玉璧と喪葬との間には密接な関係がある。

玉璧のほか、古代王侯の葬玉には玉衣・玉《ぎょく》琀《かん》・玉握・九竅塞《きゅうきょうさい》・玉枕・鑲玉棺《じょうぎょくかん》などがあり、玉が漢代喪葬制度のなかで重要な位置を占めていたことを示している。海昏侯墓の内棺開封後の状況は、徐長青の考えを完全に実証した。

道理に照らせば、葬玉は被葬者がまとうものであるはずだが、なぜ棺槨の外側でみつかったのだろうか。専門家のなかには、東晋期に鄱陽湖周辺で大地震が発生したのち、海昏侯墓において崩落が発生し、そのときに玉佩飾と玉璧の二点の玉器が棺槨内部から外側へ滑落したのだろうと論じる人がいる。

それでは、棺槨はいったい何重になっているというのだろうか。二点の玉器の出土から、専門家はまた新たな見解を導きだした。「もし二点の玉器が本当に棺の内部から滑落してきたのなら、その場合の棺槨はただ二重になっているだけだろう。そうでないならば、玉器が棺の内側から飛びでてくるはずはない」と。

棺槨外で発見された二点の精美な玉器は、被葬者が金縷玉衣をまとっているのかどうかについて、人々のさらなる推測を引きおこした。専門委員会代表の信立祥は、自信満々で人々に説明している。「現在の状況から推測すると、主棺をひらいてすぐに金縷玉衣がなかったとしても、玉器はいたるところにあるにちがいない。期待する価値はある」と楽観的であった。

主棺の調査が進行するなかで、主棺頂板の隙間から美しい文様の玉璧が発見された。材質はホータン産の玉で、直径は二〇センチメートル以上あり、洗面器ほどの大きさがあった。棺内の南側では、漆塗合子にとりつけられた大きな玉璧が発見され、もうひとつ外形がさらに巨大な玉璧もあった。

二〇一六年一月十六日、南昌海昏侯墓六号遺物保管庫は、白いシャッターがしっかりと閉められていた。公安当局、武装警察、作業員によって三重に守られた研究室のなかで、内棺がひら

虎紋玉剣格
（西蔵槨武器庫より出土）

獣面紋玉剣璏

かれた。棺のなかの遺体の残骸のひとつひとつが玉器で覆われているような状態であった。縦にも横にも玉璧がならんでいた。

「劉賀」の二文字が刻まれた一個の玉印が、最終的に被葬者の身元を確定させた。

内棺中部の私印が発見された箇所は、おおよそ劉賀の遺骸の腰の右側であり、そこで考古学調査員は一本の「書刀」を発見した。これは竹簡や木簡に文字を刻んだり、削って修正したりするための工具である。この種の小刀は最初青銅でつくられたが、のちに鉄でつくられるようになった。漢代の簡牘を再利用するための刀子はふつう鉄製であり、書刀はしばしば帯を用いて腰にぶらさげたことから、古くは「佩書刀」の異名もあった。劉賀の腰の部分の右側では書刀のほか、一点の韘形佩や、若干のメノウや玉の装飾品があり、それらは水晶連珠によって綴られていた。水晶珠は透明で輝いており、技巧は精緻だった。専門家によれば、書刀・水晶連珠・韘形佩と私印は、いずれも同じ革あるいは織物の袋のなかにおさめられていた可能性があるという。

腰の左側の部位からは、考古学調査員が玉装剣の玉格と玉璏《ぎょくてい》を発見した。玉装剣とは剣の剣首（柄頭）や柄《つか》などの部分を玉石を用いて製作

母子虎纹玉剣璏（西蔵槨武器庫より出土）

母子虎纹玉剣璏（西蔵槨武器庫より出土）

玉剣璏（西蔵槨武器庫より出土）

した剣のことで、玉首・玉格・玉璏・玉珌《ぎょくひつ》という四つの部品からなる。玉装剣は古代に佩用された剣のなかで最も荘厳かつ豪華で高貴な装飾剣であり、帝王や高級官吏が平時や参内のときに佩用してその尊貴な身分を表示した。

剣首はふつう玉鐔《ぎょくたん》と呼ばれ、最もふるい実物資料は春秋晩期の墓葬から出土している。戦国時代の剣首は丸く薄く、中央に渦紋をかざり、縁に弦紋・雲紋・臥蚕紋といった装飾をかざる。漢代の剣の剣首は戦国時代のそれとくらべて厚みがやや薄くなっており、表面はへこんでおり、裏面には圏紋があり、そのなかに二～三個の斜めの穿孔があるが、文様はまったくない。表面は裏面とくらべ直径がやや大きく、側面はかたむいている。

剣格は護手ともいい、剣柄と剣身の接続部に嵌め込む玉製の装飾品であり、正面観は長方形で、中心には緩やかな隆起がある。側面観は菱形の断面を示しており、長方形や楕円形や菱形の穿孔を有する。剣格の表裏面には、おおよそどれも獣面紋・巻雲紋・幾何学紋・浮き彫り螭《みずち》紋といった文様をかざる。もちろん、全面が無紋の剣格もある。剣格は出土数が最も少ない。

剣璏は鞘《さや》に嵌め込み剣を佩用するのに用いられ、俗に「文帯」と呼ばれた。璏は鞘の中央に嵌め込むもので、正面観は長方形を呈し、表面には雲紋・獣面紋・螭虎紋といった文様をかざる。背面には断面方形の孔があり、革帯をとおすのに適した形であり、剣を腰帯に固定することができる。漢代の剣璏の体積は戦国時代とくらべて大きくなっており、裏面の孔は戦国時代のものより高くなっており、孔の上壁は下壁とくらべて厚くなっている。剣璏の表面には勾撤法（文様の下書き線にそって匙面状の線を彫りくぼめる技法）によって端から縁どりし、螭虎紋や獣面紋を彫りだしており、製作は繊細であり、滑らかに研磨している。

　剣珌は鞘の末端に固定する玉製品であり、戦国時代から秦漢時代にかけて流行した。戦国時代の剣珌はまっすぐで、体部はまるく、比較的厚みがあり、前期には無紋だった。戦国後期には獣面紋や巻雲紋を飾る剣珌が出現した。漢代の剣珌のかたちは不規則な長方形や台形を呈し、

玉飾（西蔵槨娯楽用具庫より出土）

文様は螭紋が主要なものとなり、浮き彫りや透かし彫りといった技法を用いて彫刻を施した。研磨は繊細で、きわめて丁寧である。

　海昏侯の主棺から出土したのは玉格と玉璏のみで、完全にそろった玉装剣ではなかった。それは漢代には王以上の身分の者のみが完備された玉装剣を所有することが許されたからである。このことにより、海昏侯劉賀の墓葬が当時の礼制の枠を超えるものではなかったことがわかる、と専門家は指摘する。

　海昏侯墓出土の玉剣格は、主に獣面紋と虎紋を装飾として彫刻しているが、虎紋の彫刻は最も生き生きとしており、虎の頭と虎の体はともに立体的な浮き彫りで表現されており、虎は頭をもたげ、風を呼ばんばかりに咆哮しているかのようである。玉剣璏にも獣面紋と虎紋を装飾し、そのなかのいくつかの母子虎紋剣璏は格別に生命感にあふれていた。

　たとえ二十七日間だけだったとしても、劉賀は皇帝にまでなった人物である。内棺のなかにおさめられていた玉装剣の部品はふたつだけであったが、西蔵槨の武器庫にはそれ以外のふたつの部品、すなわち「玉剣首」と「玉剣珌」がのこっていた。これらをあわせると、完全にそろった玉装剣になる。これらをわけておさめた

のは、巧妙に葬礼上の越権問題を回避しようとしたのかもしれない。

「金玉 棺を満たす」ということばで、海昏侯墓の内棺の金器や玉器の豊富さを表現する人がいる。

内棺頭部の位置には、玉枕があった。長さ五〇～六〇センチメートルほど、幅一八～二〇センチメートルほどの玉枕には、八個の玉が象嵌してあった。すなわち、玉枕の表面両側には対称に蝉形玉飾を象嵌し、内側の両側面には対称に長方形の玉が象嵌されていた。玉枕の四方にも八個の玉璧を密にならべてあった。内棺は玉枕とその周辺で十六個の玉器が発見されただけである。これらはすべて対称に配列され、青玉や白玉で製作され、透かし彫りの技法が用いられていた。

玉耳杯（主槨室東室南部より出土）

玉璧は中央に穿孔のある円形の玉器であり、中国伝統の礼器のひとつである。考古学的知見によれば、玉璧はふるく五千～六千年前の新石器時代には出現しており、清代にいたるまで、形態や文様をたがえながらも存続しつづけた。玉璧の用途はきわめてひろく、権力や身分の標識であり、また身につける装飾品でもあった。さらに社会で交流するなかで贈与されるもの、あるいは契約をあらわすものでもあり、墓におさめる副葬品にもなった。

『周礼』では璧・琮《そう》・圭・璋・琥《こ》・璜《こう》を「六器」と呼び、また古代には玉が瑞信のものとされ、朝聘《ちょうへい》にも用いられたため、この六種類の玉器は「六瑞」とも呼ばれた。

玉璧は中央の孔の部分が「好」と呼ばれ、周囲の玉器本体の部分が「肉」と呼ばれた。『爾雅』「釈器」には、「肉の好に倍するは之を璧と謂い、好の肉に倍するは之を瑗《えん》と謂い、肉好の一の若きは之を環と謂う」という。つまり、中央の孔の径の大きさにしたがってこの種の平たい円形の玉器はさらに三種に分類されたのである。すなわち、玉器本体の径が中央の円孔の径の二倍より大きいものを「玉璧」と呼び、反対に中央の円孔の径の二倍が玉器本体より大きいものを「玉瑗」と呼び、玉器本体と中央の円孔の径の二倍が同じものを「玉環」と呼んだ。しかし、やがて人々は孔の径の小さい円形の玉器をまとめて「璧」と呼び、玉器本体の幅がせまく孔の径が大きいものを「環」と呼びならわすようになり、それにより「瑗」という名称と分類は簡略化して失われてしまった。

戦国時代から前漢・後漢時代にかけての時期は、玉璧がさかんに用いられた時期だった。漢代の玉璧の原料の玉は白・青・碧玉が主であるが、しかし璧の形状は前代とくらべて大きくなり、直径は三〇～五〇センチメートル以上におよぶものもあらわれた。透かし彫り文様の意匠には、龍・鳳・鳥などが多くみられる。表面の穀紋や蒲紋は粒が大きく、その配置はまばらで、突出は小さく、穀粒の上部は渦巻形を呈している。海昏侯墓の玉璧は、基本的にこの種の形式に属する。

報道によると、海昏侯墓出土の玉器は五百点以上にのぼるという。最も多くの玉器が集中した部分は内棺であり、ほかに西蔵槨の娯楽用具庫のなかからも多くの玉製装飾品や玉佩飾がとりあげられた。そのなかで、一組の玉佩が人々を驚愕させた。

　この玉佩は、玉璜《ぎょくこう》・玉人・玉管の三部分からなっていた。玉人は掌よりも小さく、舞人の形象をしていた。目の輪郭はくっきりとしており、目もとはすこぶる風采があり、まっすぐな鼻を浮き彫りし、小さな口を一文字に結ぶ。髪は細密な陰刻線によって頭髪の質感を表現し、両耳のそばにはそれぞれ翻った巻き毛があり、後頭部には一房の髪が細く結ってあり、たおやかさのなかに当時の流行がみてとれる。襟があわさった広袖の着物を身につけ、裾が曲がった長い裳をまとっている。衣の袖は肘の部分がひろく、腕の先がすぼまり、袖の先端は紐のように長くのび、袖口が馬蹄形になる。襟元と袖口、裳裾のふちには、幾何学文様をかざる。腰帯は幅ひろく、衣褶はやや多く、刀を斜めに入れて彫刻し、写実的な印象をあたえる。体幹はたおやかに直立し、一方の袖は頭の上まで振り上げ、もう一方は腹部に添えている。裳裾の先端はひるがえり、腰や四肢はしなやかで、穏やかに微笑んでおり、まさに舞踏の最中の一動作の瞬間を切りとった構図である。玉舞人の縁辺は滑らかに研磨されており、質感に富んでいる。遺物の上下には、それぞれ穿孔のある半円形の突起を彫りだしている。ある専門家が比較検討したところ、この玉舞人と、これまでに知られている前漢のあらゆる時期の同種の装飾品とをくらべると、造形と彫法の両面において明らかな差異があり、むしろ戦国時代のそれに比較的ちかいという。そのため、この玉舞人は戦国末期の製品と考えられ、昌邑王家が保管していた、あるいは海昏侯本人が収蔵した古物であると推定されたのである。

玉佩（玉璜、玉管、玉人からなる。西蔵槨娯楽用具庫より出土）

　二〇一五年の末、考古学調査員は主槨室で初めて玉帯鉤をとりあげた。これにより、さらにまた被葬者の身分が高貴であることが裏づけられた。この玉帯鉤の保存状態は完全で、文様は非常に美しくはっきりとしており、専門家はこれを青玉とみている。

　帯鉤は腰帯にとりつける服飾品であり、また古代貴族や文人や武人の腰帯の連結金具でもある。帯鉤は身分の象徴であり、材質には青銅・黄金・白銀・玉石などの種類があるが、玉帯鉤はそのなかでも比較的めずらしい種類である。

　張仲立の紹介によれば、前漢時代の玉帯鉤は良質の材料が選ばれ、繊細に磨きあげられており、彫法は簡潔で、品質にすぐれている。人々が帯鉤を使用したのは、それが日常生活に必要であるだけでなく、また帯鉤が身分や地位の象徴ともなったからであり、とりわけ王侯貴族や社会の上流階層が用いた帯鉤はさらに別格であった。前漢時代の帯鉤には主に雲紋・穀紋・菱形紋などが彫刻されていた。

玉耳杯は、細部まで精巧につくられ、弧形の耳と杯底部には美しい文様が刻んである。これは海昏侯墓で初めて発見された実用の酒器であり、専門家によれば被葬者が生前に使用していたものにちがいないという。

耳杯はまた「羽觴《うしょう》」ともいい、戦国時代にはじまり、漢代から魏晋南北朝時代にかけて盛行した。私の知るところでは、海昏侯墓ではすでに三種類の材質の耳杯が発見されており、圧倒的多数は漆木器である。信立祥が説明するところでは、耳杯は材質によって玉耳杯・漆耳杯・陶耳杯・銅耳杯にわけられ、異なる材質の器物は用途も異なるという。これまで、漢代の上層階級の墓から玉製耳杯が出土することは比較的少なく、後漢以降の副葬品の出土例はほとんどが明器であって実用品ではなく、材質も多くが陶製である。したがって、この玉耳杯はきわめてめずらしい事例といえる、というのである。

一点の大型の玉環は、中心に紅色のメノウを象嵌していた。専門委員会代表の信立祥の推測によると、これは高級で豪華な漆木器の装飾帯であり、上面には菱形紋と円形の象嵌のための孔があり、そこに玉器を象嵌したのだという。この器がどれほど豪華であったか、想像してもらいたい。

海昏侯墓で出土した玉器のなかには、もちろん玉印も含まれているが、別に章を設けて詳述する。主槨室の南東部は、主棺の開封以前では最後に精査された区画であった。ここからは、前後して玉耳杯、玉剣具、玉石類、玉石象嵌のある器物などが出土しており、ほとんど主槨室のなかの「宝物庫」といったありさまであった。

一点の虫入り琥珀もここからとりあげられた。琥珀の本体は紅色を呈し、大きさはブドウの粒と同じくらいであり、両端から小さな孔が穿孔されて貫通しているため、これは挂飾《けいしょく》にちがいない。小虫が琥珀の端に位置しており、羽や肢をはっきりと認識できた。虫入り琥珀は琥珀のなかでも貴重とされる。信立祥によれば、彼の知るかぎりにおいて、それまでほかの漢墓でこのような虫入り琥珀が出土したことはないということである。

琥珀の出土現場

十一、豪華絢爛な漆器

中国の英語名Chinaが西方の「磁器」についての認識に由来することを知る人は多いが、日本の英語名Japanの意味が「漆器」であることを知る人は必ずしも多くない。もちろん、漆器は必ずしも日本人のみがつくりだしたものではない。日本の漆器がその発展の過程で中国から多くを学んだことは、いささかも疑いのないことである。好学の日本人が中国から学習した漆器技術の発展はすさまじく、とりわけ中国において唐代の漆器が没落したのちは、世界でその技術が大いに羽振りをきかせ、それにより西方で「漆器技術の国」として称えられたのである。

漆盤（団龍紋。西蔵梆娯楽用具庫より出土）

漆木器は中国の人類社会に対する偉大な貢献のひとつである。中国の先人たちは、少なくとも七千年あまり前までに、漆の樹液を濾過した液、すなわち生漆を木器や土器に塗り、漆器をつくるすべを知っていた。春秋戦国から秦漢時代にかけて、漆器製作はしだいに華美になり、灰緑《かいりょく》などの色漆により文様を描いたり、辰砂や孔雀石などの顔料に油を加えて絵を描いたり、すでに漆が塗られている器物の表面に針をつかって各種の細密な文様を刻んでさらに油彩画を加えたり、金を表面に貼りつけたりした。その文様はのびのびして生命感にあふれ、形態や色彩も多様であった。華麗な色彩をもち、格段に美しい漆器は、日常生活のなかでしだいに銅器や陶器の地位を奪い、最も貴重な芸術品となった。

『韓非子』「十過」には、つぎのようにある、「堯が天下を禅譲し、舜がその位を継承した。彼がつくらせた食器は華やかで、どれも山のなかの樹木を切りだして製作されており、鋸で器形を削りだしてからその製作痕跡を消し、表面に黒漆を塗布し、そのあとに宮廷に送って使用したものである。諸侯が、これはあまりにも贅沢だとして、抗議した国は十三か国であった。舜が禹に天下を禅譲すると、禹がつくらせた祭器は外面に黒漆を塗り、内面は朱で漆絵を描き、さらに絹の布を敷き、莚には縁飾が設けられ、さかずきは文様でかざられ、酒器には装飾が施された。これはさらに贅沢なもので、抗議した国は三十三か国にも達した」と。

韓非子が列挙する「十過」とは「小忠を行う」「小利を顧る」「行い僻《かたよ》りて自用し、諸侯に礼無き」「治を聴くに務めずして五音を好む」「貪愎《たんひょく》

漆器の出土状況。層状に積みあがった漆耳杯と漆盤。
(北蔵槨酒器庫にて撮影)

にして利を喜《この》む」「女楽に耽る」「内を離れて遠遊し、而して諫士を忽《ゆるがせ》にする」「過ちながら忠臣に聴かず独り其の意を行う」「内は力を量らず、外は諸侯を恃《たの》む」「国は小にして礼無く、諫臣を用いざる」というものである。このうち華美な漆器を製作することは、第六の過ちである「女楽に耽る」に含まれる。

舜と禹は歴史に燦然と輝く聖王であり、ひとりは人民を教化して徳を四方にゆきわたらせ、もうひとりは九年の歳月をかけて治水をおこない、人民に恩恵を施し、その功績の大きさは山の高さや海の深さにも勝るが、結局漆器を用いたために、韓非子により十の罪悪のひとつに数えられることとなった。たとえ舜と禹のふたりの先王がそれを屈辱と感じることはないとしても、韓非子の針小棒大な批判はあまりにもひどいのではないか。

およそ三千年ののち、唐の太宗李世民は再びこの故事をもちだした。『資治通鑑』「唐紀・貞観十七年」条に、そのことが記されている。このとき太宗は、「舜の漆器を造れるに、諫者十余人あり、これ何ぞ諫むるに足りんや」と問うた。唐の太宗と現代の私たちの感覚は、あまり変わらない。舜が漆器をつくるとき、十人あまりの大臣が諫めたというけれども、これは諫めなければならないほどの問題だったのか、とたずねたのである。それに対して黄門侍郎の褚遂良は、「奢侈は危亡の本なり。漆器已《や》まずんば、将に金玉を以て之を為さんとす。忠臣の君を愛すれば、必ずその漸《はじ》めを防がん。若し禍乱已に成らば、復た諫むる所無からん」と答えた。褚遂良

三子奩《さんしれん》（西蔵槨娯楽用具庫より出土）

はなんと、漆器の使用を国家存亡の次元までもちあげたのである。皇帝はひとたびそれを聞くと、これが重要な問題であることをさとり、「限漆令」を発することとなったのである。

　想像できるだろうか。古代において漆器があらわしていた高級感は、私たちの理解をはるかにこえていたのである。

　安史の乱後、唐の代宗は「詔戒して薄葬せしめ、仮花果及び平脱《へいだつ》、宝鈿等の物を造るを得ざらしめ」た。この平脱漆器、金銀漆器、貴石象嵌螺鈿漆器の禁令は、漆器の生産に対して深刻な打撃をあたえた。その一方で、中国の精美な漆器芸術は盛唐文化とともに日本に伝播した。蒔絵・螺鈿・平文・漆絵・密陀絵・箔絵・沈金・醤《ひしお》・存星・彫漆・彫木彩漆などの芸術形式は、いずれもそのころ遣唐使によって日本にもたらされたのである。

　南昌前漢海昏侯墓の主槨室から出土した漆木器は二三〇〇点あまりに達し、馬王堆漢墓で出土した一八四点という漆木器の数量をはるかに凌駕した。北蔵槨東部酒器庫のなかには、漆耳杯と漆盤が層をなして積みあがっていた。墓室内を満たしていた水のなかでは、破砕された漆器の断片がいっぱいに漂っていた。これらの漆盤、漆碗、漆合子、漆奩《しつれん》、漆卮《しっし》、漆榻《しっとう》、漆案、漆耳杯、漆屏風などの漆塗の器物は文様が精美なだけではなく、金を貼り銀を埋め込み、色鮮やかな文様は錦のようだった。

　修復して公開された一点の円形の漆盤は、漢代の「外黒裏紅」という様式を再現しており、周囲には銀が埋め込まれ、内面中央には龍と虎の文様があった。

　漆木器の大多数には文字があり、年代・大きさ・容量・工人名などの情報がはっきりと記録されていた。海昏侯墓発掘現場の専門家は、大量の漆器が主槨室から姿をあらわしたことは、前漢の墓葬制度を反映したものだと説明する。漢代では漆器を「養生送終の具」とし、人々は生前に大量に漆器を使用し、漆器を賛美しただけではなく、逝去したのちも大量の漆器を副葬したのである。

　海昏侯墓の精美な漆木器のなかで、最もよく被葬者の高貴な身分を反映しているのは、二千年あまり前に漢代貴族が用いた化粧箱――漆奩である。

　漆奩には三子奩と多子奩がある。三子奩には貼金、金象嵌、銀の縁どりといった装飾があり、二千年あまりの年月をへても、依然としてもとの輝きを真新しく放っていた。円形の大きい合子のなかには、馬蹄形・長方形・円形の小さな

多子奩（西蔵槨娯楽用具庫より出土）

漆奩（西蔵槨娯楽用具庫より出土）

合子がおさめてあり、すべて表面には銀の縁どりと柿葉紋の象嵌があった。三子奩の馬蹄形漆奩のなかからは櫛と篦《へら》もみつかり、保存状態は完璧だった。

前漢時代の貴族階層は、男女ともに櫛と篦と脂粉をおさめた化粧箱をもっておく必要があり、化粧用具の需要は非常に高く、そのなかでこの種の斬新な造形で装飾が華麗な漆奩の使用を好んだ。漆奩の形態は多様であるが、造形は美しく、この時期の漆器製作の技術水準と美的感覚をよくあらわしている。

漢代の伝統的な造形は「器は以て載道す」（器は道をあらわすものである）という精神を追求するものである。したがって器物の造形には、さまざまな階層の美的感覚や価値観が反映されている。海昏侯墓で出土した多子奩は、その設計と装飾モチーフのなかに、明確に漢代貴族の子孫繁栄の理想が仮託されている。一号墓西蔵槨娯楽用具庫の多子奩は、一個の大きな合子（母奩）のなかに多くの小さな合子（子奩）がおさめられ、あわせて十九個でひとつのセットをなしていた。前漢代において、祖宗より代をうけて子孫に伝えていくことは、生命の継承と家族の繁栄にかかわる重大責務と考えられており、漆奩は家に安穏をもたらす貴重な器とされ、ま

漆盤の団龍紋（西蔵槨娯楽用具庫より出土）

た生命が連綿と絶えることなく継承されることを象徴する器でもあった。

夾紵胎《きょうちょたい》は漆器製作のなかで用いられ、前漢の多子奩の流行に技術面での基礎をあたえた。漢代の双層多子奩の重層構造の特徴は、その素地の材料を限定し、薄くて軽く、丈夫でしなやかであることを必要とした。夾紵胎の技術の採用により、多子奩のなかの子奩がいくら多くても軽やかさが失われず、母奩の許容範囲を超えるほど重量が増加しないようになった。

ここにいう「夾紵胎」とは、現在でも「脱胎」と呼ばれている、漆器工芸の素地をつくる技法のひとつである。漆器の素地としてしばしば用いられるものに、木胎と脱胎の二種類がある。

木胎漆器は、木目が細かく変形しにくい良質の木材を精選し、それらを枘《ほぞ》と枘穴によって組みあわせ、釘や鎹《かすがい》を用いずに器体を製作する。脱胎とは、粘土や石膏を材料として芯となる器形をつくり、生漆を接着剤として麻の布を芯の上にかさねて貼りつけ、陰干ししたのちに粘土や石膏の芯を除去し、乾燥して固くなった漆布を雛形として器体をつくり、再び研磨などの多くの工程をへて、丈夫で柔軟性のある器をつくる技法である。

多くの専門家が論じるには、海昏侯墓で出土した漆器は、蜀の地で生産された可能性があるという。前漢時代には広漢郡と蜀郡は全国的な漆器の生産の中心だったからである。興味深いのは、考古学調査員がひとつの漆笥《うるしばこ》のなかから天秤の重りを発見したことである。これらは十二個一組で、これもまた江西省で初めての発見であり、漢代の度量衡の研究にとって重要な価値がある。さらに興味深いのは、別の漆笥のなかから漆器製作の材料がみつかったことである。

天秤、漆器製作の材料、漆の「調合」……なるほど、海昏侯国ないし予章郡に漆器生産工房がなかったとは、だれが保証できるだろうか。

江西省のこの場所は、現在にいたるまで中国の漆器生産のなかで一定の地位を占めてきた。鄱陽の漆器は漢代に生産がはじまり、明清時代以降は江南に名声を博した。一九六〇年代から八〇年代には、製品は遠く東南アジア・欧米・日本に売りだされ、生産量は中国国内で二位の地位にあった。一九一五年に工芸家の張席珍が製作した「刻漆填金黒退光帽筒」は、サンフランシスコ万国博覧会の賞を獲得した。

漆器生産のもうひとつの中心地は、海昏侯国の一部をなす宜春であった。宜春の漆器も漢代に生産がはじまり、また純粋な「夾紵胎」（脱胎）の技術をとどめていた。宜春の脱胎漆器製作は完全に手作業である。まず原型をつくり、そのあと棉布、綢布または麻布を原型の外側にかぶせ、よく調合した漆液を塗布し、陰干しが終わるのを待って内側の原型をはずし、そこに灰を充填し、漆を塗り、今度は研磨、艶出し、装飾をおこなうといったように、最初から最後まで数十の工程を経てようやく完成する。清代には、宜春の漆器は「南洋賽会」で一等賞を獲得したことがある。

もし鄱陽の漆器や宜春の脱胎漆器が独自の起源を有するというのであれば、海昏侯劉賀はま

貼金片漆盒（銀装飾のある漆器。西蔵槨娯楽用具庫より出土）

さに漆器工芸の最初の伝道者ということになるのかもしれない。

考古学調査員は主槨室東室と西室の精査の過程で、彩色画・銀装飾・金張り・金銀象嵌・玉象嵌・貴石象嵌などの技法でかざった各種の工芸漆器をつぎつぎに発見した。漆器の文様には龍紋・雲気紋・龍鳳紋・動物紋・走獣紋・螭龍紋などがあった。それらの器種には、樽・卮《さかづき》・杯・盤などの食器や酒器、奩・合子などの容器、几・案・屏風などの家具・調度品類があった。

そのなかに、彩色画をもつ直径約一五センチメートルの漆盤がある。盤の内面いっぱいに描かれた雲気と星は、密に配置され整然としている。盤の内面中央には大きいもの三体、小さいもの三体の計六体の龍が雲中で戯れるさまを描いており、その表現は真に迫っていた。

また金銀象嵌を施した漆箱の表面には、「林間狩猟図」が描かれていた。金銀であらわされた山林樹木・奔鹿走獣はみな生命感にあふれており、その製作技術・デザイン・材料選択のすべての面において入念な工夫がなされていることはいうまでもなく、揚州の漢代広陵王墓出土の「狩猟図」の美しさに匹敵するものである。

海昏侯墓の出土品のなかで、孔子画像漆屏風と「四神」図像漆屏風は、まさに漆器の大作といってよく、すでに考古学とそのほかの分野の学界からひろく注目を集めているが、これについては別の章で述べることにしたい。

ほかに注目すべきものとして、「医工五禁湯」という文字が、漆盤の内面中央に記されていた。これらの文字は、その漆器に専門の用途があったことを示している。伝統的な中国医学では、気病・血病・骨病・肉病・筋病という五種の疾病について、それぞれ辛（からい）・咸（しおからい）・苦（にがい）・甘（あまい）・酸（すっぱい）という五種の味の食物の禁食によって治療し、それらを「五禁」と総称した。しかし「五禁湯」がいかなる薬剤を調合したものであるかは、医者のみが知るところである。中国考古学会パブリックアーケオロジー専門指導委員会主任の王仁湘によれば、海昏侯墓に副葬された漆器の多くは昌邑王国で使用されていたものであり、この五禁湯盤もそれらと同じであるかは明らかでないものの、劉賀の病気が発症してから用いられたものだろうという。もしそうであるならば、あるいは外面の文字は副葬時に盤の中身を説明するために追刻されたのかもしれない。このことはまた、副葬に際して実際に五禁湯そのものが盤内に存在していたということを示しており、それは劉賀が冥界において治療を継続するためのものであった。
卮は古代の酒器である。海昏侯墓で出土したこの卮は銅胎漆器であり、器形の造形と文様装飾のどちらの点でも前漢の最高水準を示していた。銅胎漆器は、字義からすれば、青銅器に漆を塗って絵画を描き、装飾を施したものである。もとのふるめかしい青銅卮《せいどうし》は、漆塗の技法で装飾を施すと、たちまちに若返って、光沢を放ち、色艶の鮮やかな、明るい彩りの漆器工芸品へと変身する。漢代の桓寛の『塩鉄論』「散不足」には、「一文杯に銅杯十を得ん」とある。つまり、装飾文様のある漆器一個が、銅杯十個の価値に相当するというのである。漆杯は、銅杯にくらべてたいへん高価だったとみてよいだろう。

さらに、海昏侯墓の副葬品のなかには、明確な価値が記された物品があり、それらの多くは漆器なのだという。

漆器の製作については、漆や木など各種材料の価格と工人の報酬をあわせて考える必要がある。漆器表面の文字はこれらすべての要素を羅列しており、そのあとにそれらの「幷直《あわせあたい》」を示している。これは製作にかかるコストの合計であり、銅銭で換算する。漆盾のひとつには「五百五十三」と記され、木笥には「六百九十七」「九百六十一」と記されていた。

王仁湘はこれにもとづいて「海昏侯墓の漆器は結局いくらなのか」と題する文章を著し、つぎのように指摘している。漢代において、漆器はかなり高価であった。宮廷で「塩鉄」の管理について議論がおこなわれているとき、ある人が彩色文様のある漆杯は銅杯十個に匹敵するといった。ひとつの漆杯を製作するには百人の工人の手をへる必要があり、漆塗屏風は一万人の技を必要とする。漆器製作が手間ひまのかかるものだったことは、海昏侯墓出土漆器の文字からも実証できる。漆器に厳格な価格設定があることはおおよそ理解できる。漆器は製作コストがかかり、さらに高い価格に設定することで、いつわりのない本物の製品としての信用がえられるのである。銭一文単位の細かい価格が出現した原因は、ただひとつしかない。それはロット生産と平均価格である。二点の漆木笥は表記価格が同じで、どちらも「幷直九百六十一」であり、またどちらも昌邑九年の製作である。これらは明らかに、ひとまとまりで製作されたロット生産品であり、その平均価格を記したものであろう。そうでなければ、銭一文単位の価格設定が人々の信用をえるのはむずかしかったであろう。二点の銘文の風格を観察すると、それらが同一工人の手によるものにちがいないことがわかり、とある漆器工人が請け負ってこのロット生産を完了させたことを示している。盾牌には「廿」の文字が、木笥には「卅」の文字が書いてあり、それぞれ二十点の盾と三十点の笥が製作された、つまりロット生産であったことを示している。

研究と考証によれば、漢代前期の官吏の月棒はほぼ銅銭によって賄《まかな》われ、あるときには半分を穀物で、半分を銭で賄ったこともあったという。俸給を銭に換算すると、二千石に相当する郡守たちは、おおよそ二万銭におよぶ月俸を受領することができたはずである。もしこれで価格がいくぶん高い漆木笥をつくるならば、せいぜい二十個ができる程度である。昌邑王は一度に三十個の笥をつくり、ひとりの郡守の一月半の俸給に相当する銭を費やした。これらの漆器の価値がわかれば、これらの漆器が劉賀とともに十年、二十年にわたって転々とし、最後に彼とともに別の世界へといってしまったのはなぜなのか、理解できるであろう。それは、漆器が本当に貴重なものだったからである。

漆器が金や玉とくらべてもさらに貴重で贅沢だっただろうということを、これであなたにも信じていただけただろうか。

十二、雁魚灯の連想

海昏侯墓の北蔵槨からは「二台」の、――いや、「一対」と呼ぶべき雁魚灯が出土した。青銅製で、全体として大型の雁が立って振り向き魚をくわえた姿をかたどっている。魚の体は、火袋の蓋となっている。油に火がともされて燃えたあとにできる煙は、魚の体を伝って集められ、長くのびた雁の頸を通過して雁の体に入り、そして雁の体のなかにたたえられた水に溶けて消える。このようにして、油煙による室内の空気の汚れを巧妙に解消しているのである。火袋の扉は二枚の弧形の銅板からなり、左右に動かして開閉することで、風をさえぎったり、灯明の照射角度や光量を調節したりすることができる。この照明器具の全体は、雁の体をなす灯座、雁頸形の集煙管、円筒形の火袋、火皿となる灯盤という四つの構成要素にわかれ、自由に分解したり組みたてたりすることができ、煤を掃除するのに便利である。

青銅雁魚灯
（北蔵槨東部酒器庫より出土）

なんと美しい雁であろうか。この足、水かき、細心の注意を払って描いた翼と羽……そのゆったりとして肥え太り、まるで生きているかのように生命感にあふれているようすからみると、近傍の水草が豊かに茂っており、魚やエビが群をなすほどに反映している鄱陽湖から飛来したのではないのだろうか。

『尚書』「禹貢」には、「彭蠡《ほうれい》既に瀦《ちょ》たりて、陽鳥悠居す」という。「陽鳥」とは、大型の雁の類の渡り鳥ではないだろうか。

鄱陽湖は「中国最大の淡水湖」と「アジア最大の淡水湿地」というふたつの栄冠に輝き、世界の湖沼・湿地類の名勝のなかでも高い知名度を有している。この淡水湖は季節によって姿を変え、毎年決まった時期に景観を変化させる。夏季から秋季にかけては、おおらかで広々としており、もやの立ちこめた水面は、澄みきった空に接するかのようで、千の白帆と万の漁火が浮かぶさまは、洋洋たる大海を連想させる。冬季にいたって水位が下がると、広々とした湖は、葦原のなかに細い河道がうねり、無数の大小の水たまりが分布する泥湿地へと姿を変える。このように鄱陽湖は、「水が増えると大きくひろがる大湖となり、水が引けば線を引いたような小河となる」という典型的な湿地の特徴をそなえている。鄱陽湖の広大な懐に抱かれて、動植物も生き生きと繁栄している。鄱陽湖は野生の魚

一対で出土した青銅雁魚灯
（北蔵槨東部酒器庫より出土）

類が回遊し繁殖する天然の漁場であり、三一〇種あまりの湿地性鳥類の生息地である。世界の多くの渡り鳥が国境をまたいで飛来し、ここを越冬地とするため、国際渡り鳥条約で記載された鳥類のうち五〇パーセント以上の種類が鄱陽湖に集結し、そのなかには国家一級保護鳥類が十種あまりも含まれている。冬季に渡り鳥が飛来するたびに、鄱陽湖は名実ともに鳥類の「楽園」となっているのである。数えきれないほどの大型の雁やハクチョウ類、そして全世界の九八パーセント以上にものぼる白鶴類といったさまざまな種類の渡り鳥が、いずれもここ鄱陽湖を自分たちの第二の故郷としているのである。

漢代の海昏県の東側は、今日の鄱陽湖南湖の水中であり、おそらく江西省で最も海抜の低い昔の鄡陽《きょうよう》平原にちがいなく、都昌県の前身である鄡陽県はここにあった。平原には河川が密集し、沼沢が散在しており、贛江《かんこう》・撫江・饒河（鄱江）・信江・修水の五大河川がここで合流しており、魚や雁のまさに理想的な生息地となっている。あるいは海昏侯墓の雁魚灯は、いま鄱陽湖に生息する魚と雁の先祖をかたどったものかもしれない。

専門家によれば、海昏侯墓出土の雁魚灯は「考古学史上で第四・第五点目の雁魚灯」であるという。つまり、これ以前にも三点が発見されているのである。広西チワン族自治区合浦県と山西省朔州市照十八荘からこの類の雁魚灯が出土しており、被葬者の俸禄はどちらも二千石以上であることが、資料から明らかになっている。そのうち最大の一点は中国国家博物館に所蔵されており、その設計は海昏侯墓で出土した雁魚灯のそれとおおむね一致する。雁と魚の造形は、中国の北から南まで、いずれの地域にも分布するものである。しかし全体としてみれば、雁の飛行経路が北から南へといたるのか南から北へいたるのかということにかかわらず、鄱陽湖近辺で出土した雁魚灯は、より「写実的」で、さらに一種「土着」の色彩があるらしい。

これまでに漢墓から出土した銅灯は、おおよそ盤灯・虹管灯・筒灯の三種類にわけられる。雁魚灯は虹管灯の一種で、その構造は、管を通して集めた油煙を浄化し、「排出削減」を達成しようとするものである。同種の構造は、一九四九年に湖南省長沙県桂花園で出土した「敕廟《ちょくびょう》」銅牛灯にみることができる。これは灯全体が牛形をなし、牛角は中空で、頭頂部からのびた円管の先端がラッパ状にひろがって牛の背中の灯盤にかぶさり、中空になった牛の腹部に水を入れて煙を浄化する構造である。また、一九六八年に河北省満城県中山靖王劉勝の妻竇綰の墓から出土した長信宮灯も、やはり同じ類型に属する。

長信宮灯の名はあまりにも有名である。この「国宝」の存在を知らないものは、ほとんどいない。長信宮灯は高さ四八センチメートル、重さ一五・八五キログラムで、全体に鍍金を施し、燦爛たる輝きを放ち豪華である。全体の造形は、ひざまずいた宮女が両手で灯を抱えた姿をかたどっている。宮女の高さは四四・五センチメートルであり、体部は中空で、頭部・体幹・右腕・灯座・灯盤・灯蓋の六つの部分にわけて鋳造したものを組みあげており、分解することができる。宮女の左手は灯座に添えられ、右手は蓋をつかんでいる。右腕は灯の煙の通り道であり、袖の部分が排煙管となっている。筒状の袖は自然に垂れて袖口がひろがり、灯の頂部へとうまくつながっている。この灯の場合も、やはりふたつの弧形の銅板をあわせて円筒形の火袋を形成しており、灯盤上の溝にはめこんだ銅板を左右に動かして開閉することで、灯光の照射角度と光量を自在に調節することができる。灯の表面の九か所には、全部で六十五文字の銘文が刻んであり、この実用的な芸術品の歴史的価値をさらに高めている。

前漢長信宮灯（河北省満城漢墓より出土）

正直なところ、感情面では私の心は海昏侯墓の雁魚灯に傾いている。しかし、漢代宮灯の器物としての価値は、当然ながら唯一無二の長信宮灯のほうが上である。あの跪坐《きざ》した宮女は、何度となく私の心を揺り動かしてきた。いつの日か、私は彼女の前に赴き、彼女の衣の袖をつかんで、「ひざまずかずともよい、立ちあがり、私とともにゆこう」と声をかけたいと心から思っている。

昔ある学者は、灯をささげもつ宮女の眉宇《びう》に、深い憂いをみいだした。また別の知識人は、宮女の二本の細長い眉の、眉間の部分には明確な変化があり、「内に眉を顰《ひそ》める」かたちになっているという。このことと、越の国の美女である西施《せいし》の「心を病みて顰《ひそ》む」という故事とを結びつけ、さらに『紅楼夢』のなかで「顰むがごとくして顰まぬ霞をこめたふたつの眉、喜ぶに似て喜ばぬ一双の眸《ひとみ》」を有した林黛玉《りんたいぎょく》が賈宝玉《かほうぎょく》に「顰顰《ひんひん》」というあだ名をつけられたという話までをとりあげ、「あるいはこれが先秦から漢代の人々にひろく好まれた表情のひとつだったのかもしれない」と結論づけたのである。しかし、西施の顰めた眉はただひとつの特別な例であり、その隣人の東施がそれをまねて笑いの種になったことには言及せず、また奴婢や宮女の境遇がどれほど悲惨で痛ましいものであったのかをその人が理解していないのは、ただ嘆かわしいばかりである。

それはともかく、雁魚という自然の造形は、人間性さらには人間と自然との密接な関係を、よくあらわしている。中国古代には「魚雁 書を伝う」ということばがあり、それぞれふたつの故事に由来する。

ひとつは「鴻雁《こうがん》 書を伝う」という故事である。『漢書』「李広・蘇建伝」にその記事がある。史料の記載によれば、漢の武帝の天漢元年（前一〇〇年）、蘇武は匈奴に使者として派遣され、長城の外側で拘束され、北海（今のバイカル湖）に逗留された。羊飼いの労役に服し、十九年の間帰還することができなかったが、依然として「漢の節を杖つきて失わず」、忠節をまげることはなかった。しかし漢と匈奴に和親が成立したのち、匈奴の単于《ぜんう》は蘇武がすでに亡くなったと詐称して、蘇武と漢の朝廷との連絡を断ち切ろうと企てた。漢の使者が匈奴に到着してから、蘇武とともに匈奴への使者となった常恵はひそかに面会をもとめ、蘇武の実情を告げ、また策を献じて漢の使者に単于に告げさせた。「漢の天子は長安の上林苑で狩猟をして一羽の雁を獲らえました。その足には帛書《はくしょ》が結びつけてあり、蘇武が大きな沼沢にいることが記されていたのです」と。単于はこれを聞いて大いに恐れ、すでに真実が露呈していて漢をあざむくことはできないことを知り、やむなく漢の使者に謝罪し、蘇武を釈放して漢の朝廷に帰還させた。これにより、鴻雁は「使者」の美称となったという。

西北地方にも「鴻雁 書を伝う」の別の物語が伝えられている。唐の薛平貴《せつへいき》という人物が軍を率い遠征して辺境に抑留され、その妻の王宝釧《おうほうくん》は苦しい生活に耐えて十八年の間、待ちつづけた。ある日、王宝釧が畑で野菜を掘り返していたとき、こつぜんと空に大きな雁があらわれて鳴いているのに気づき、すぐさま地にひざまずき、自分の代わりに手紙を伝えてくれるよう雁に頼んだ。はからずも雁に思いが通じ、雁は王宝釧のかたわらに舞いおりた。王宝釧は絹の裳を裂き、指先をかみちぎって、血の手紙を書き、結果として夫婦は再び一緒になることができたのである。

もうひとつの故事は「鯉魚 書を伝う」と呼ばれる。これは漢の楽府「飲馬長城窟行」に由来する。そのなかの「青青河畔草」の一節に、「客遠方より来たり、我に双つの鯉魚を遺す。児を呼びて鯉魚を烹《に》るに、中に尺の素書有り」とある。唐の李商隠の「寄令狐郎中」という詩はこれを典拠にし、「嵩雲秦樹久しく離居し、双鯉迢迢《ちょうちょう》たり一紙の書。問うを休めよ梁園の旧賓客、茂陵の秋雨 病める相如」という。孟浩然にも似たような詩があり、「尺書如し客せざれども、還りて鯉魚の伝うるを望む」と詠んでいる。

「鯉魚 書を伝う」の故事は、古くは商代の末年にさかのぼる。伝説では太公望が渭水《いすい》のほとりで釣り針を垂らしているとき、一匹の鯉魚をえたが、その腹のなかに書があり、彼がのちに某所に封地を受けると予言していた。そののち、彼は周の武王の克殷と周王朝の樹立を補佐し、はたして魚の腹のなかの予言は事実となったのである。

「鴻雁 書を伝う」の故事と「鯉魚 書を伝う」の故事とがあわさって「魚雁 書を伝う」という成句になった。宋代の江西の晏殊《あんしゅ》の「清平楽」にはこうある。「鴻雁は雲に在り魚は水に在り、此の情寄り難きを惆悵《ちゅうちょう》す」と。また唐の詩人の王昌齢「独遊」には「手に双つの鯉魚を携え、目は千里の雁を送る」と詠まれている。これらはどちらも、ふたつの故事をあわせて典拠とした詩句である。ここにあげられている「双つの鯉魚」は、実在の鯉では決してなく、鯉に似た形状の封筒である。唐代の貞観年間（六二七〜六四九年）には、ある人物が厚繭紙《こうけんし》を用いて鯉のかたちをした封筒をつくり、表裏両面に鱗を描き、封筒の「腹」のなかに手紙をおさめて「鯉魚函」と呼んだという。その創意は「鯉魚 書を伝う」の故事に由来する。

雁魚灯の形象は、なるほどこのような豊富な故事と文学的想像にあふれている。長信宮灯では、こうもいかないのではないだろうか。

十三、漢王朝の文書

海昏侯墓の回廊北西隅にあった、乾燥して縮んだ細長い藤蔓《ふじづる》の束のような黒い物体に、湖北荊州文物保護センター研究員の呉順清が気づいた。

「竹簡だ、これは竹簡だ！」

漆器のとりあげにもっぱら注意を向けていた調査員たちがすぐさまそこに向かい、現場にはまた新たな驚きと喜びがわきあがった。海昏侯墓の考古学的価値の高さを決定づけたのが、これらの決してきらびやかではない簡牘《かんとく》文書であったということは、いうまでもないだろう。

木牘（遣策に類する簽牌であり、竹木笥あるいは漆箱にかける札であり、表面には容器の編号と中に入っている物品の名称や数量等が書かれている）

竹簡は四つにわけてまるごととりあげられ、急いで遺物保護室に運ばれた。遺物の調査は、ときに時間が命となるのである。

紙が発明される以前の中国では、簡牘が書籍の最も主要な形式だったのであり、後世の書籍に深い影響をあたえた。現在の図書にかかわる用語や書写形式・執筆方法は、依然として簡牘をつかっていた時期の伝統を継承しているのだ。

「簡牘」はひとつの総称であり、また複数の対象を指す名称でもある。竹片に書いた文書を「簡策」といい、木板に書いた文書を「版牘」という。

古人の書いた文章は簡潔で洗練されており、墨を金のように惜しみ、一文字の増減すら困難なほどによく練られており、確かに一字増やすと余計で、一字減らすと成り立たない。ふつう百字を超えるものを「長文」と呼び、簡策に書く必要があった。百字以下になってようやく「短文」と呼ばれ、一枚の木板に書くことができた。木板に書かれたものの多くは、官方文書・戸籍・告示・行政文書・遣冊《けんさく》・図画のほか、私的な契約・医療・系譜・過所（通行証）・書簡などであった。公文書は最も重要な文書である。古人はその内容によって分類をおこない、それぞれに名称を定めた。軍事文書を「檄《げき》」といい、告示文書を「榜《ぼう》」という。公私の文書を木板に書いて送付する際に、その文書の上につけ加えた一枚の木板を「検」といい、そこに差出人や受取人の姓名・居所などを書くことを「署」という。これは後世の封筒のようなものである。これらをまとめて細い縄で縛り、結び目のところに粘土を詰め、文字を陰刻した印章を押すことで、粘土に陽刻の文字をあらわしたものを、「封」ないし「封泥」という。本書の後段で解説する

竹簡出土現場（主槨室西室南部にて）

「大劉記印」は、まさにそのようにして用いたものである。古代の信書に用いた木板は、ふつう一尺ほどの長さしかなく、そのため信書はまた「尺牘」ともいった。短小な簡牘を「箋」といい、箋は読書人が随時記録や注書に用いるものであり、対応する簡の上にかけて後日再考するのに備えることができる。我々が今日いうところの「箋注《せんちゅう》」はここからきている。

檄・榜・札・検・槧《さん》・策・簡・籍・簿・箋といった字の部首をみてみると、簡牘をつくる際にどのような材料が用いられたのかが、はっきりと理解できるであろう。

「簡」は古代の書籍の基本的な単位である。一本の竹簡はふつうまっすぐ一行に文字を書き、そのため一簡は現在の一頁に相当する。文字が比較的多い書籍は、数枚の簡に書き、細い縄をかけてひとつに綴り、これを「冊」といった。「冊」は象形文字であり、竹簡を縄で綴ったかたちをあらわしている。長編の内容構成を一単位にしたものは「篇」といい、これも竹かんむりの字である。その一篇は複数「冊」の内容を含むことがある。連続した竹簡をひとつにまとめ、竹のすだれのように巻いて筒状にしたのが、一巻である。ある人は孔安国の『古文尚書』序の「序を并《あわ》せて凡そ五十九篇を四十六巻と為す」という記述を根拠に、一篇ないし数篇が一巻とされたと論じている。

簡牘に文字を書く道具には筆・墨・刀がある。筆と墨は文字を書くのに用い、刀は主に誤った文字を修正するのに用いる。これは後世に文書の修正を「刪削《さんさく》」と呼んだ所以である。海昏侯劉賀の遺骸付近で発見された「書刀」は我々に実物の証拠を提供したのである。

竹を加工し竹簡にするには、まず竹を割いて「篾《べつ》」をつくり、そのあとで整形して長方形にし、文字を書く面を磨きあげる。新しい竹は火であぶって乾燥させる必要があり、この工程を「殺青」と呼んだ。生の竹は火であぶることで、皮膚から汗がにじむようにして内側の汁がしみだし、そのためにこれを「汗青」ともいい、のちに派生して史書の呼称になった。文天祥の「過零丁洋」の詩句に「人生は古より誰か死無からんや、丹心を留め取りて汗青に照らす」とあるのは、まさにこの意味で用いたものである。殺青の目的は虫を防止しまた墨がのりやすくすることである。簡の幅はふつう〇・五～一センチメートルであり、厚みは数ミリメートルで、長さは目的に応じて決まる。漢代の竹簡には三尺、二・四尺、一・二尺、〇・八尺などの規格があった。漢代の一尺は現在の二三・一センチメートルに相当する。漢王朝の制度に照らせば、儒家の経典や政府が頒布する律や令には長い簡を用い、諸子百家の著作は短い簡を用いた。当然、たとえ同じ漢代でも、各時期に用いられた簡の寸法がすべて同じとは限らず、一概に論じることはできない。それぞれの簡にはふつう一行の文章を書くが、少数ながらその二倍の幅の簡もあり、それには二行の文字が書かれた。

漢代の簡への記入は、縄で綴る際に便利なように、ふつうどれも簡の上下に少し空白を残しており、後世の紙の文献の「天頭地脚」のようになる。綴られた簡冊は、最初に位置する二枚がふつう空白の簡となり、これを「首簡」あるいは「贅簡《しかん》」と呼ぶ。このような形態は、後世の書籍の扉頁の起源である。ある簡冊は段落ごとの文字の前に小題があり、最後の簡には尾題と本編の字数の総計が記載してあった。またある簡冊には簡ごとの末尾や背面に「頁番号」ともいうべき符号が表示されており、これは散乱した竹簡の整理に大きな効果があった。またある簡冊は、長方形・点・円・三角などの符号があり、篇や章や句の所在する位置を明示していた。簡冊をまとめる方法は、ふつう最後の一簡を軸とし、文字のある面を内側にして巻いてゆく。その巻の内容を把握するため、最初の簡の背面には右から左へ篇名や篇号を題記することがある。

海昏侯墓出土の竹簡と木牘は、報道によれば三千枚ちかくあり、歴史にかかわる貴重な情報が記載されていた。専門家はこれらの簡牘は江西省の考古学史上初めての発見であり、中国の簡牘考古学のきわめて重大な発見でもあるという。今のところ海昏侯墓の調査現場や研究室でおこなわれている竹簡に対する基礎的整理と保護の状況からみて、これらの簡牘の内容には主に簽牌《せんはい》・奏牘のほか、『築墓記』『悼亡賦』『論語』

『易経』類の竹簡の文章（「三三乇（純）建（乾）建者建也。彖北方一餃北方一辛壬癸丑、上経一、中冬馻龍吉夏凶」などの文字があり、経文では最初に卦名の含意について解説している。「彖」以下の内容は『日書』の内容を選択しているようであり、順序の上では現在の『易経』と同じであるものの、内容の上では現在の『易経』と大きな差異がある。赤外線写真。西蔵槨文書庫より出土）

「葬賦」類の竹簡の文章（「紀揚、厚費数百万兮。治冢広大、長繢錦周壙中兮。懸壁飾廬堂、西南北東端兮。」といった文章が、「賦」となっている。赤外線写真。西蔵槨文書庫より出土）

『易経』『礼記』『医書』『五色食勝』などの文章や書籍が含まれている。そのほかの大量の遺物にもたいへんめずらしい銘文がともなっており、同じく貴重な文字資料といえる。これらの簡牘と銘文資料は、被葬者の生涯や前漢時代の政治と社会生活について研究するうえで重大な価値を有している。特筆すべきなのは、銘文に記載されている工人名・編号・価格・時間などの内容であり、漢代の手工業の制度の研究に対しても一定の学術的価値を有している。

『築墓記』には南昌前漢大墓の造営過程が詳細に記録されている。これはひとつの文学作品であり、「離騒」のように吟唱することができる。文中では墳丘の広大さ、棺槨の形状やその周囲の綾絹《りょうけん》装飾、廬堂の周囲に玉璧をかけて装飾したさまなどが描写されていた。このような内容の詩は、これまでに調査された前漢墓のなかでも、中国全土で初めての事例である。残念ながら、我々はそのすべての内容をここで読むことができない。しかし、『築墓記』が海昏侯墓とその葬送習俗を正しく理解するうえで、なくてはならない第一級の史料となることは、確かであろう。

竹簡のなかの『易経』の経文は、まず卦《け》の名前がもつ意味について説明する。「彖《たん》」以下の内容は『日書』に類似している。海昏侯墓の竹簡の『易経』は、順序の上では現在に伝わる『易経』と同じであるものの、内容は現行の『易経』とくらべてかなり大きな差異があり、『易経』の考証と研究に新しい参考資料を提供することだろう。

『医書』の内容は、養生と房中術にかかわるものである。とりわけ注目に値するのは、海昏侯墓の竹簡の医書は、馬王堆漢墓帛書の記述と比較しても、さらに豊富な内容をもつことである。馬王堆帛書の『天下至道談』は「八道」に論及するが、海昏侯墓の竹簡の医書は「八道」のほかに「虚」「実」のふたつの道を追加しており、「十道」となっていた。

『五色食勝』は方術にかかわる内容の竹簡の書籍である。主に五種の色と食物との相関について、金木水火土の「五行」とその相生・相克思想にもとづき論じたものである。

百枚ちかい木牘には遺策の類の簽牌や奏牌が含まれていた。「遣策《けんさく》」は古人が喪葬行為のなかで副葬品を記録した目録であり、簡牘を主要な書写材料としている。遺策のうち、内容が比較的簡単なものは、副葬品の名称などを記載するだけである。内容が複雑なものは、喪葬儀礼と関係のある各種物品を記載することがあり、副葬品だけでなく死者を弔うために贈呈されたも

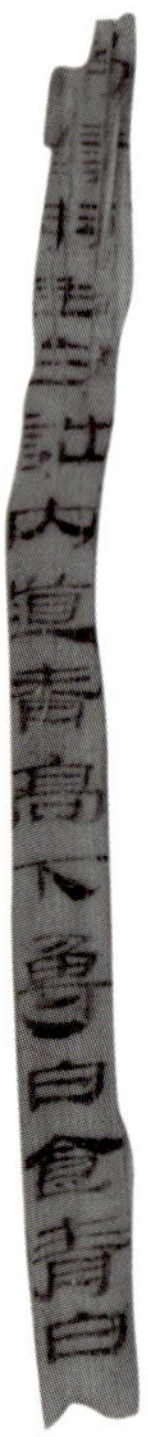

『五色食勝』類竹簡の文章（「白詘内道青高下専白食青白」といった文字が記されている。赤外線写真。西蔵槨文書庫より出土）

のなどがそこに含まれる。これに類する海昏侯墓出土の簽牌は、竹木笥あるいは漆箱にとりつけて使用し、表面に容器の編号、内容物の名称と数量などを記したものである。また、奏牘は被葬者が皇帝や皇太后に上奏した上奏文の副本である。

　竹簡が出土した現場はそれぞれ、海昏侯墓の西蔵槨文書庫と、主槨室の南西部に位置していた。これらの出土簡牘について、現場の考古学の専門家らは、すでにふたつのプロジェクトチームをたちあげている。ひとつは科学分析と保護を課題とするチームであり、竹簡や木牘の精査・保護・ラベリング・赤外線写真撮影をおこなう。もうひとつは文献の釈読を課題とするチームで、竹簡や木牘の内容について釈読と研究の作業を進めている。筆者の知るところでは、遺物保護の専門家は第一区域の簡牘を剥離し整理する作業をおこなっており、すでに九巻ほど、計一五〇〇枚の簡牘を剥離することに成功している。しかしまだ三つの区域の簡牘が剥離作業を待っている。

　海昏侯墓の竹簡文書に対する学術界の期待は、人々の金玉珠宝に対する興味をはるかに凌駕している。結果として、出土文字資料が発見され

『論語』類竹簡の文章（「子曰、雍也、可使南面也」といった文章が書かれている。赤外線写真。西蔵槨文書庫より出土）

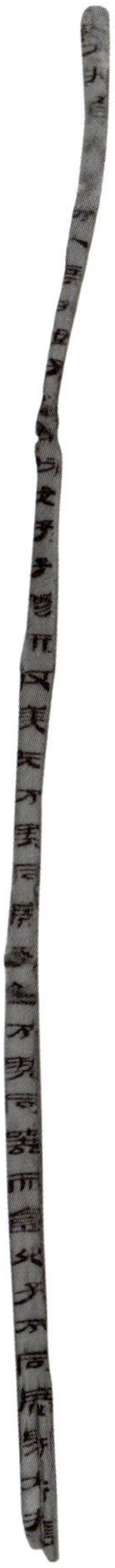

『礼記』類竹簡の文章（「子嫁而反、弟兄不与同席而坐、不与同器而食。父子不同席」といった文章が書かれている。赤外線写真。西蔵槨文書庫より出土）

るたび、新しい研究の潮流がおこり、多くの学術研究の成果が生みだされ、そこからひとつの学科が派生することもある。ひとりの学者についていえば、一生のうちにそのような機会にめぐりあうのは、ほとんど宝くじに当選したのと同じようなものである。

上海大学歴史系教授の寧鎮疆は自身の論文のなかで、海昏侯墓の竹簡文書の潜在価値に対し、次のような興味深い推測をおこなっている。「情報によれば、海昏侯墓には『論語』もあるといい、これもまた、ただ事ではない。真っ先に想起されるのは、一九七〇年代に発見された河北省定州市八角廊漢墓で、その墓のなかからも『論語』が出土しており、一九九〇年代末に公表されると、大きな反響を呼んだ。定州漢墓の被葬者である中山懐王劉修（階級と身分が劉賀ときわめてちかい）の没年は紀元前五五年で、そのときはまだ「三論」が並行していた時代であり、張禹により「張侯論」がさだめられるよりも前であった。我々は当該本の『論語』が、篇や章の構成はもちろん、用いられている文字の多くが現行本と異なるところが多く、たいへん貴重なものと考えている。海昏侯劉賀の没年は劉修とくらべてはやいと考えられ、これにより海昏侯墓出土の『論語』はさらに期待するに値する。さらに言及しなければならないのは、定州漢墓からは『礼記』が発見されていないが、現行の『大戴礼記』に収録されている「保傅」篇と「哀公五義を問う」があり、これらも広義には「礼記類」に属する。広義の「礼記類」文献と『論語』とが一緒に存在する点において、劉修墓と劉賀墓とは驚くほど一致している。……海昏侯墓で『礼記』と『論語』が同時に存在するという事実はまた、我々にこのような疑問を抱かせる。はたしてそのなかに『孔子家語』に関係する内容は含まれているのだろうか。……もしこの墓のなかに本当に『孔子家語』に対応する内容が含まれているとすれば、あの漢代初めの阜陽《ふよう》市双古堆の章題木牘から、さらに宣帝期の海昏侯墓、そしてややおくれる定州漢墓の『儒家者言』にいたるまで、段階的な発展変化の連鎖を構成しており、これは「家語資料」の変遷と『家語』の成立過程の研究、とりわけ『孔子家語』と『礼記』の関係についての研究に対し、はかりしれない学術的価値を有することはまちがいないだろう」と。

漢王朝の文書は、まさに文人の嗜好を満たしていたのである。

十四、侍従の表情

主人にとりつぎをする男の侍従

劉賀は儀仗と侍従をともなって出行した。侍従たちはみな「俑」と呼ばれるものに姿を変えたのである。

俑は古代中国で副葬に用いられた一種の人形であり、上代の奴隷の殉葬を模倣した代用品である。奴隷制時代には、いわゆる人牲・人殉の制度があった。すなわち奴隷を犠牲として祭りに献じ天帝や神霊や逝去した奴隷の主人にささげたり、あるいは主人が生前の所有物であった奴隷を殉葬したりした。殉葬には殺殉と活殉の二種類があり、非常に血なまぐさく残忍であった。しかし人の価値についてみれば、社会の発達にともなって、主に奴隷の労働生産力としての価値が重視されるようになり、殉葬の制度は次第に廃止され、人をかたどった「俑」で代替するようなっていった。孔子は「仁愛」を主張したが、殉葬を人形によって代替することも不道徳であると考え、「俑を為る者は不仁なり」と責め、「始めて俑を作るものは、其れ後無からんか」つまり「最初に明器《めいき》の人形を発明した人は、子孫が断絶してしまうのではあるまいか」といったのである。文言は雅ではあるが、手厳しく冷酷でもある。

俑はふつう木・石・粘土・銅などの材料でつくる。春秋戦国時代には非常に精密で巧妙に製作された「俑」があり、機械仕掛けの人形のふるい雛形となったといわれる。『礼記』「檀弓」には「孔子、芻霊《すうれい》を為る者は善と謂い、俑を為る者は不仁なり、人を用うるに殆《ちか》からずやと謂う」とある。これに鄭玄は注をして「俑は偶人なり、面目機発有り、生ける人に似たる有り」といった。皇侃《おうがん》の「疏」には「機械発動して踊躍す、故に之を俑と謂うなり」とある。孔穎達《えいたつ》の「正義」には「木を刻みて人を為り、而して自ら発動すること、生ける人と異ならず、但だ性霊知識なきのみ」とある。焦循《しょうじゅん》の『孟子正義』には、『広雅』に『埤蒼《ひそう》』を引きて云く『俑は木人なり、送葬設関して能く跳踊す、故に之を名づく』と。又た曰く『其の像人の転動跳躍するを謂うなり』』と記される。この類型の「俑」は、実際には簡単な機械仕掛けで動いたり跳躍したりすることができる人形であったとみてよいだろう。

俑の機能は生きている人の殉葬の代替であり、地下で被葬者に奉侍するためのものである。したがって、俑があらわす人物には、ふつう被葬者の生前の侍衛・僕従・厨夫・歌女・舞伎などの各種人物があり、ほかに衣服や装飾品が豪華で地位が比較的高い属吏・寵姫・近侍なども存在する。俑の形象はふつう表現される人物の個性や特徴を追求してはおらず、それぞれの身分の人々に特徴的な服飾や表情をあらわすことを重視する。すなわち、謙恭で従順であり、ことばを察し顔色をうかがうのがうまく、手腕にすぐれ、聡明で実行力がある、という特徴である。識別に便利なように、あるものは毛筆で体にその身分を明記してもいた。俑の大多数はまさに当時のさまざまな人物を模倣しており、そのため特定の時代の社会生活と習俗、および彫塑芸術の水準をうかがいみることができ、これは各時代の車輿《しゃよ》や服飾の制度を研究するための重要な資料である。

伎楽木俑出土現場

　海昏侯墓のなかからは、二百体あまりの副葬俑が出土した。その主要なものには伎楽俑・馬車俑・随侍俑などの数種類があり、木製もあれば土製もあり、さらには初めての発見である鉄製の俑もあった。

　馬車俑・儀仗木俑は鼓車と金車の二台の明器の車にともなって出土した。同時に発見されたものに、五台の実用の安車と軺車《しょうしゃ》もある。明器の車馬、馬夫俑と鼓や錞于を打つ楽俑からなる馭楽俑、そして儀仗木俑の構成からみて、海昏侯が逝去したあと、彼の生前の礼制を参照し、その儀仗隊を墓内に副葬したと判断できる。

　先秦時代の雅楽礼制にもとづけば、皇帝や列侯や大臣が逝去したのちに副葬する「儀仗隊」には厳格な規定があった。天子の儀仗木俑はふつう八列であり、一列ごとに八体、計六十四体からなる。列侯の儀仗木俑は四列であり、一列ごとに八体、計三十二体からなる。一般の大臣の儀仗木俑は二列であり、一列ごとに八体、計十六体からなる。現在の精査の状況からみると、海昏侯墓内からは二十体あまりの儀仗木俑の遺物が出土している。これらの遺物は「ひとまとめで」研究室に持ち帰られ整理作業がおこなわれていることから、継続して調査が進められる過程で、さらに儀仗木俑が発見される可能性があり、三十二点という数に符合するかどうか、前漢時代に先秦時代の雅楽礼制を踏襲しているかどうかを確かめてみることができる。

　伎楽木俑は海昏侯墓北蔵槨楽器庫のなかから発見された。そこでは、調査員が編鐘・編磬などのセットの楽器や、琴・瑟・排簫などの管弦楽器をとりあげることに成功しているが、伎楽俑は音楽や舞踏に従事する芸人の木彫像である。『続漢書』「百官志二」には、「太子楽令一人、六百石。本注に曰く、伎楽を掌る」とあり、漢王朝には専門的に伎楽をつかさどる機関と官職があったことを明らかにしている。

上代には伎楽と百戯の関係は密接であった。百戯は、古代の楽舞・雑技などの総称である。秦漢時代には百戯と称し、隋唐時代には散楽と称し、唐宋時代以降にはそのほかの歌舞や雑劇と区別するためようやく雑技と改称された。百戯は夏商代に源を発し、春秋戦国時代にはじまり、秦代に形成され、前漢および後漢時代にひろく発展した。前漢以前は主に宮廷で上演され、後漢時代にはようやく民間にひろく浸透した。初歩的な統計によると、海昏侯墓出土の伎楽俑は数十点と多く、副葬された楽器と結びつけて分析すると、比較的大規模な歌舞と演奏のグループになる。前漢列侯の用楽制度の基本的な組成を反映しているにちがいない。

伎楽俑はふつうどれも顔料を塗布しているが、墓のなかは二千年以上も水に浸された状態であったため、出土時には顔料はどれもおちてしまっていた。しかし伎楽俑の姿は依然として生きているかのように生命感にあふれており、あるものは華麗に舞い、あるものはひざまずいて演奏し、それらの姿態はさまざまで、表情は豊かであった。これらの伎楽俑からは、ひじかけにもたれて座る海昏侯のかたわらで、酒宴がひらかれ歌舞が催されている情景が想像できるだろう。

立って舞う姿をあらわした一体の舞女俑がある。右腕をひらいた姿勢で、両脚は肩幅よりもややひろくひらかれ、上演のなかで回り舞っている動作を髣髴させ、奔放なリズムと心地よい音楽が、彼女のたおやかな舞姿のなかで一陣の旋風をまきおこしているようである。

一方、これは舞裙《ぶくん》をまとってひざまずいた伎楽俑であり、なんと紗巾で顔を覆っている。このような装束からは色濃い異境の風格がにじみ

舞裙を穿いて立つ女の侍従

羅裙で膝を覆った女の侍従

紗巾で顔を覆い、舞裙を穿いた女の侍従

でている。この女性は北方から来た匈奴人ではないのだろうか。実際、海昏侯墓から出土したいくつかの遺物は確かに異境に一定の淵源がある。あの数点の銀当盧をおぼえているだろうか。本来ならば瑞獣である麒麟の形象を彫りだすべきところ、いったいどうして角が一本しかないアイベックスになっているのだろうか。表現手法のうえで工人はかなり注意を払って、その大きく立派で力強く霊獣のような力を感じさせる気質を表現しており、麒麟とアイベックスは確かに同じ偶蹄類に属するとはいっても、その下あごの「ひげ」は、やはりはっきりと我々にそれがアイベックスに属するものであることを告げている。ある専門家は中国内外の同様の遺物の比較研究を通じ、「海昏侯墓出土当盧に見える一本角のアイベックスは、当時流行していた匈奴文化に属するモチーフであるにちがいない」と指摘している。すでに戦国時代から秦漢時代には、上層社会の貴族たちの間では、匈奴に由来する北方草原地帯の文化の器物を所有し使用する風習が形成されていた。そうすると、異境の音楽や異境の舞踊をとりいれた女性の存在は、なんらめずらしいものではなかったのである。

随侍俑は侯府の奴婢をかたどったものである。前漢の列侯として、劉賀の生前の生活での起居にはきっと多くの奴婢が伺候していたのだろう。すでに公開されているごく少数の写真のなかから、筆者は羅裙《らくん》を穿いた侍女俑をみつけた。彼女は両方の膝を地について座っており、長い裙は膝を覆っており、両腕は胸の前にもたげ、表情は恭しく温順であり、おそらく海昏侯殿下に飲食物を進め、また殿下が身を清め着替えをする世話をした可能性もある。

別の一体は立位の男の侍従であり、眉は低く目は鋭く、両手は両腿に垂らし、腰はやや前屈し、主人に向かって何かを報告しているかのようである。メディアが公開した少数の木俑の写真からみれば、海昏侯墓出土の木俑に同じ特徴をもつものは一体もなかった。「彼ら」はそれぞれ身分があり、それぞれ職をつかさどり、我々が前漢貴族の生活と奴僕の群像を理解するための重要な資料となっている。

二百体あまりもの各種木俑は、はるか遠く前漢からやってきて、整理作業の現場に、彼らが特別にしつらえた「歓待の宴」を提供した。そう遠くない将来に、我々は「彼ら」の風采を目にすることができるだろう。

十五、大劉記印

二〇一五年十二月、ふたつの真っ白な玉印が海昏侯墓の主棺付近からとりだされ、被葬者の身分の推理劇はさらなるクライマックスに向かっていた。ふたつの印章は、どちらも純白で温かみとうるおいのある上質のホータン産の玉《ぎょく》で、一方にはまったく文字がなかったが、もう一方には「大劉記印」の四文字が陰刻されていた。無字印は、結局はじめから何も表現されていないということがわかるだけであり、おおよそ人ごとにそれぞれ想像をめぐらすことができるのみである。

「海」字銅印
（西蔵槨娯楽用具庫より出土）

「大劉記印」ははじめ「大劉印信」として報道されたが、すぐに訂正された。印章は一・七センチメートル四方であり、亀形の鈕《ちゅう》をもち、玉でつくられ、正方形であり、文字は陰刻され、書体は独特であり、彫刻は精緻で、品質にすぐれ、中国の印章の歴史のなかでも非常にめずらしいものとされる。

亀鈕印は戦国時代にはすでに出現しており、前漢および後漢時代にはさらに盛行した。亀は古代には「玄武」の別称があり、青龍・白虎・朱雀とならんで「四霊」となっていた。亀が印の鈕とされたのは、きっとこの種の吉祥が人に幸運をもたらすと考えられたからだろう。

後漢の衛宏の『漢官旧儀』の記載には、「皇帝の六璽は、皆な白玉・螭虎鈕《ちこちゅう》なり」とある。また、応劭《おうしょう》の『漢官儀』の記載には、「印は因なり。虎鈕とする所以は、陽類なればなり。虎は獣の長なれば、其の威猛を取り、以て群下を執伏せしむるなり」とある。亀鈕印は漢王朝の高級官吏が常用した鈕の型式である。『漢官儀』は漢代の印の制度について、諸侯は黄金璽を用い、駱駝の鈕であり、列侯から丞相、太尉などの三公、前後左右将軍にいたるまで黄金印を用い、亀の鈕であり、中二千石は銀印を用い、これもまた亀鈕であったという。『漢官儀』は亀鈕印について、「亀は、陰物なり。甲を抱え文を負い、時に随いて蟄蔵《ちつぞう》し、以て臣道の功成りて退くを示すなり」と解釈している。考えるに、漢代の私印の多くは官印にならっている。そのため、私印のなかにはまた多く亀形の鈕をもつものがみられる。「大劉記印」は海昏侯の私印で、亀鈕を採用しており、そこにはやはり「臣属」の意が含まれ、列侯の政治的身分をよくあらわしている。「大劉記印」は典型的な玉製漢印の風格を有して

無字玉印（亀鈕、主槨室東室南部より出土）

「大劉記印」（亀鈕、主槨室東室南部より出土）

いる。玉に刻まれた篆書は細く、力強く滑らかで、丸みとうるおいをおびて優美であり、字形は均整がとれ、端正で力強く、ゆったりとして典雅な印象をあたえる。疑いようもなく漢印のなかの逸品である。

文字からみれば、「大劉記印」は明らかに官印ではない。つまるところ、印の文字には官職名が含まれないからである。しかし、よくある漢代の私印と異なるのは、印の持ち主の姓のみが刻まれ、名があらわされていないことである。筆者は「大劉記印」は官印でもなければ一般的な私印でもなく、漢の宗室としての身分を表明する皇族の印であると考える。「大劉」は漢王朝にあっては、皇族のみがあえて自称することができた。この印にもとづいて墓の被葬者が劉賀であると直接断定することはできないものの、すでに回答までの距離はさらに縮まっていた。

また、ある人は「大劉記印」が「封泥印」であった可能性を指摘し、また衛宏の『漢官旧儀』に「天子信璽、皆な武都の紫泥を以て封するなり」とあるのを引き、この印章の一方ならぬ位置づけを明らかにした。

封泥は、泥封ともいい、官印が粘土に残した印の痕である。古人は簡牘文書に封をするとき、往々にして封の口に粘土を置いて印章を押し、他人がひらいて盗み見るのを防止した。この種の機密保持の方法は、主に秦漢時代に流行した。清の道光二年（一八二二年）、四川省の某所で農民が山芋を掘っていたとき、百点あまりの封泥を発見し、一部を珍品として自ら収蔵した。当時の人々は、まだこんなものにいったいどんな意味があるのかを知らず、誤って「漢代の印の鋳型」と考えた。しかしのちに著名な金石学者であった劉喜海が問題解決の糸口を発見した。彼は『続漢書』「百官志」の「守宮令一人、六百石」に付された注解に「御紙筆墨及び尚書の財用諸物及び封泥を主《つかさど》る」とあるのを根拠に、はじめて「印の鋳型」を正しく「泥封」と名づけた。王国維は「簡牘検署考」[10]のなかでこれについても記述しており、「古人は粘土によって書に封をしたが、史料に散見しているとはいえ、後世にいたってその制度は廃れること久しく、ほとんどこのような事実があったことがわからなくなっていた……封泥の出土は、百年内のことにすぎず、当時はあるいは印の鋳型と考えられていた。呉式芬の『封泥考略』が出るにおよび、はじめて封泥と断定された」と述べており、金石学者の呉式芬がはじめて封泥をみとめた研究者であると理解している。

古代の泥封印の基本は陰刻であり、泥の上に押すと突出した文字があらわれる。そのため一般の事典類の解釈では、秦漢時代の印章はいずれも粘土の上に「抜け殻を残した」実物であると解説しており、また隋唐以降には紙が簡牘にとってかわることから、朱肉が粘土にとってかわり、封泥はだんだんとその社会における役割を失い歴史の舞台から姿を消したと考えられている。しかしこの説明は必ずしも正確ではない。筆者は封泥という型式はいまだに存在しており、ただ「封泥」はさらに接着力のある「封蝋」にかわってしまっただけなのだと考えている。国際的な場で契約を確認するとき、往々にして紙面にまるい蝋状の物質すなわち封蝋をのせてスタンプを押す。容器などに封蝋を加えて押印することもある。これらはどれも封泥の現代版ではないだろうか。

先日、ある人が文章を寄せて「大劉記印」の読み方は「大劉記の印」であるにちがいないと指摘し、「劉賀は大商人だった」といったが、これは本当に世間を驚愕させる論である。その筆者は海昏侯墓で出土した大量の金銀貨幣から論をはじめ、続いて劉賀の巨額の財産について「宮中での私的な蓄財とする説」「継承した遺産とする説」「皇帝からの賞賜とする説」「食邑からの搾取とする説」を否定し、そのうえで「大劉記」は劉賀の商号であると分析した。劉賀はもちろん昌邑にあっては無位無官であったが、江南にいたってからは、海昏侯としてつねに大規模な商業活動に従事していた。根拠はあの「記」字である。「記」字を商号あるいは店舗名に用いるのは伝統的なやり方である。今日にいたってもなお、「記」字はこのように使用されることがあり、「張記」「李記」「趙記」といった例がある。「大劉記印」は、商品の包装や泥封に押すために用いられた。「劉賀が『大劉記』の商号をもつ理事長であり社長であったことは疑いない。何トンにもおよぶ五銖銭は『大劉記』の商号の流動資産であり、らんらんと輝く金餅は『大劉記』の商号の黄金の備蓄財である」のだという。

それでは、劉賀は何を経営していたのだろうか。文章の筆者は、その第一は「薬材」であるという。なぜなら墓のなかのみから出土した冬虫夏草は、箱の半分を満たすほどの量があり、「出土した琥珀の数は多くないものの、これもまた貴重な生薬であり」「竹簡のなかには一部に医薬方面に関する書籍があり、このことが劉賀あるいはその周囲の才人が医療をよく理解していたことを示しており」、出土した温鼎、染炉、蒸留器、銅の漏刻、青銅の臼杵などは製薬の道具でもあるからだ。第二は「塩鉄」である。武帝

文物鑑定用のスタンプ

国際的に流行した封蝋

中国古代の封泥

時代に塩鉄の官営化が実行され、民間人が塩鉄を売買することは禁止されたとはいえ、劉賀が父親の威光と過去の人脈にたのんで塩官・鉄官の地位をほしいままにすることはむずかしくなく、「酒類の専売が実行されてからも、あるいは酒官の任にあたっていたのかもしれず」「今回出土した遺物のなかには塩に関する直接的な証拠はなかったが、鉄の実物はあった」からである。このことは「劉賀は頭脳明晰な大商人であり、塩官・鉄官をほしいままにしていた」ことを示している。第三は書籍だという。なぜなら、主槨西側の半分は書房ないし書庫となっており、海昏侯墓からはおおよそ一万枚の竹簡と木牘が出土し、小型の私設図書館のようになっていたからである。江西の豊かな野山はどこも竹林となっており、これは竹簡をつくるのに最も適した材料である。「劉賀はこの商機をみて、「大劉記」の商号で多くの竹簡と書籍の製作と売買をおこない、大儲けしただけでなく、名声を獲得し、客観的にみて中華文明の伝道に重大な貢献をはたした」のだという。その第四は「漆器」である。なぜなら漢代の官府や民間では磁器の使用は少なく、大部分が木器や漆器を使用していたからである。「木器のもうけは莫大で、高級な商品をもっぱらあつかった「大劉記」の商号は、漆器の売買をおこなうのに適していた」という。海昏侯墓で出土した漆器が二三〇〇点にも達するのがその証拠であり、その種類の多さ、価値の高さ、出土時に多くの杯・盤・椀がかさねられて墓におさめられていたことは、「明らかにまとめ売りないし小売りを待っていたものである」と断定する。第五は「馬匹」である。なぜなら「陪葬坑のなかに一度に二十頭もの良馬が埋められており、これは漢代の江南の墓でははじめての事例」だからである。発掘では「海」字が記された大きな銅印が出土しており、これは烙印であるにちがいなく、これを真っ赤に焼いて馬の臀部に押しつけ、販売する良馬がよそで偽称されることを防ぐ標識としたのである。第六は「骨董」である。さらに「このほかに絹布・衣服・頸飾・青銅器・玉器・竹器・食糧などがあり、これらはどれも『大劉記』の商号がとりあつかったものである」という。文章の作者は、劉賀が開拓した「販路」についても推定し、なんとそれは北方・西方・東方・西南方・南方の五方面にわたっている。「これらの販路のいくつかは、長い時間をかけて形成されてきた伝統的な販路であり、またいくつかは「大劉記」の商号が開拓した新しい販路であった。それらは縦横無尽に交錯し、たがいに通じあい、中国の大半にゆきわたっていた。これは客観的にみて、東西南北の物品流通や漢代の経済発展に貢献したといえる」と結論づけたのである。

この作者の豊富な発想力は敬服に値し、この文章は確かにネット上で反響を呼び起こした。しかし、この文章は推論に推論をかさね、ほとんどすべての副葬品を商業と関係ある証拠としてあつかっており、筆者がみるところ、雲をつかむようなことを根拠にして、想像にもとづいたでたらめを述べている疑いがある。最後に彼はこういう。「商売により劉賀は当初の苦境を脱し、ひろく友と交わり、巨額の財産を蓄積し、輝ける人生へと向かっていった。劉賀が三十四歳で突如急逝したとき、彼を敬重する食客や、彼と道をともにした商業の友、そして彼に身を委ねていた家人は、多くが悲しみ、最後にみなで漢代の『死に事うること生に事うるがごとし』の喪葬の原則に照らし、劉賀が常用していた『大劉記印』や、『大劉記』の商号の流動資金——二百万枚の五銖銭、さらに『大劉記』の黄金の備蓄財を、まとめて墓のなかにおさめ、劉賀と一緒に西方の天界へと送りだし、またそれにより巨額の財産税（当時の遺産相続税はきわめて高かった）を回避することができたことが、想像できるのである」と。

はたして本当にこの文章のタイトルがいうように、「大劉記印」は「海昏侯墓の巨額の財産の秘密を解く鍵」なのだろうか。やはりこの「荒唐無稽な説」にあたって考えてみる必要があるだろう。

紀元前一五五年、御史大夫の晁錯《ちょうそ》は『削藩策』を奏上し、諸侯王の勢力を削減し、中央集権を強化することを提議したといわれる。海昏侯劉賀の曽祖父である景帝はこの建議を採択し、この年の冬に詔令は発布され、呉や楚といった諸侯王の封地を削減した。この年が「漢の景帝三年」である。詔書が下ると、すぐさま呉王劉濞《りゅうび》をはじめ皇室に連なる七人の劉姓諸侯の不満が巻き起こり、彼らは「君側を清める」大義名分のもと、あわせて三十万の軍勢による反乱を勃発させ、皇帝の側近の晁錯らの奸臣を粛清するよう声をあげて要請した。これを歴史上では「呉楚七国の乱」という。正月から三月にいたるまでに、反乱は漢王朝の中央軍と景帝の弟の梁王劉武の連携によって平定された。七人の王はことごとく死に、楚国を除く六国が廃された。

景帝以前には、諸侯王は自分の封地で自ら官職を設置し、税を設定することができた。「七国の乱」のあと、朝廷は切り札を切り、「諸王をして民を治むるを得ざらしめ」、中央官吏の管轄

出土した石印

に改め、また皇族王侯に対しては少なからぬ制約を課した。それは、天子の儀制を借用してはいけない、官吏の設置は漢の制度にしたがわねばならない、王国が設置できる官員は四百石以下に限る、虎符《こふ》〔虎の形をした銅製の割符〕がなければ勝手に兵を発してはならない、王国で私的に製塩や冶金をおこなってはならない、勝手に人に爵位をあたえたり死罪を赦免したりしてはならない、逃亡者を受け入れたり匿《かくま》ったりしてはならない、定期の入朝に際しても都での滞在は二十日を超えてはならない、外戚と私的に往来してはならない、他の諸王と勝手に面会してはならない、勝手に国境を出てはならない、朝廷の大臣に対し私的に賞与をおこなってはならない、といったもので、諸侯王が自ら粗相をおこなうなどすれば、漢の法にもとづく厳しい制裁をうけ、あるいは封地を削られたり、爵位を奪われたり、ときには誅殺されることすら余儀なくされた。のちにまた「左官律」「阿党法」「附益法」が発布され、王国の官吏の地位が下げられ、人材が諸王侯に身を委ねることが制限された。列侯の受封や朝聘などは、中央においては大鴻臚《こうろ》の管轄に帰し、地方では郡守尉の監督をうけ、勝手に国境を出ることはできず、勝手に徭役を発してはならず、また諸侯と私的に通じてはならない……

どうだろう、漢代の諸侯王の行動は、上述の「荒唐無稽な説」のように自由だったのだろうか。劉賀がもとより朝廷に厳しく制限を加えられた廃帝であることはいうまでもなく、「宗廟朝聘を奉ずる礼」に参加し、皇帝である甥に叩頭《こうとう》して媚びを売る権利も一切なかったのだ。

実際のところ、この印章の「大劉」があらわすのは、明らかに皇族に連なる姓のことである。北京大学歴史系の熊長雲が文章のなかで、「海昏侯は王子侯に属し、これに封ぜられるものはみな劉氏の一族であり、印の文字の劉氏と合致している。漢印のなかには『巨』字を姓氏に冠した例が多い。陳介祺の『十鐘山房印挙』には『巨李』『巨孟千万』の印が収録され、陳漢第の『伏盧蔵印』には『巨董』『巨陳君』の印があり、羅振玉の『赫連泉館古印存』には『巨張千万』『巨董千万』といった漢印が収載されている」というのは、いずれも上の事実を証明するものであり、さらに「漢印において『記印』と記載したものは、羅福頤の『漢印文字徴』に『斉有記印』『記印』などの例が収録されている」と指摘している。

「記印」は、辞書の解釈では「印章」のこととされる。明の徐渭《じょい》の『女状元』第二には、「小さくて篆刻にふさわしくないものは、関防に照らして小記印を刻むのみである」とあって、関防は公章のことをいい、記印は私章のことを指すのだという。

筆者の推測するところ、「大劉記印」は海昏侯が国内で使用した一種の公印だったのではないだろうか。またある人の説では、「大劉記印」は姓氏印であり、もうひとつの空白の印は、名を刻むにいたらなかった名字印なのではないか、ともいう。

訳注

⑩ 一九一二年の『藝文』誌上に日本語で公表された連載と一九一四年に『雲窓叢書』上で発表された論考があり、後者は前者に加筆したもので、以下の記述はその加筆部にあたる。

十六、遺物が伝える「南昌」と「海昏」

「昌邑」の年号銘文をもつ青銅豆形灯
（北蔵槨中部楽器庫より出土）

二〇一五年十一月五日、メディアは相ついで海昏侯墓出土の一点の青銅豆形灯について報じた。この遺物には、それまでの調査での多数の発見を凌駕するような美しさはないものの、江西の人々を興奮させるふたつの文字――「南昌」が、隷書ではっきりと刻まれていたのである。メディアは、「これは『南昌』城に関係する、最もふるく、最もめずらしい実物資料である」と報じた。

『尚書』「禹貢」によれば、禹は治水をおこない天下を九つの州にわけたという。江西省はそのうち荊州の領域に位置している。春秋時代には、江西省はおよそ呉・越・楚の領域にわかれ、そのため「予章の地は、楚尾呉頭たり」といわれた。戦国時代には、越が呉を滅ぼし、楚が越を滅ぼし、最終的に江西省の全域が楚に帰した。紀元前二二一年、秦の始皇帝は六国を併合し、郡県制をおこなったが、江西省にあたる地区は九江郡（治所は今日の安徽省寿県にあった）管轄の範囲のなかにあった。

江西省が独立した行政区画になったのは、漢代からである。

『史記』や『漢書』の記録をもとに判断すれば、おおよそ漢の高祖五年（前二〇二年）に、劉邦は大将の灌嬰（陳嬰ともいう）に命じて兵を率いて江西・両広の地域に進軍させ、江西に予章郡を設置し、その下にはつぎつぎに十八の県を分設し、郡治を南昌に置いたと考えられる。その範囲は、現在の江西省の領域とおおむね一致する。このほか、現在の江西省には長沙郡に属した安成県があって予章郡の安平県と隣接しており、その場所はおおよそ現在の安福県の西半部にあたる。現在の江西省の領域からみると、そのなかには十九の県があるというのが、より正確なところだろう。

史書にみる「南昌」の記載が、どれも海昏侯墓の副葬品の製作年代よりも年代が下るということは疑いがなく、現在のところこの銘文が「南昌」という名称の最もふるい記録であることは確かである。

通説によれば、「南昌」の名称は、「昌大南疆」「南方昌盛」といったことばに由来するという。青銅豆に刻まれた「南昌」の二文字が発見されると、「南昌」は「南昌邑」に由来する可能性があると推測する人もあらわれた。それによると、

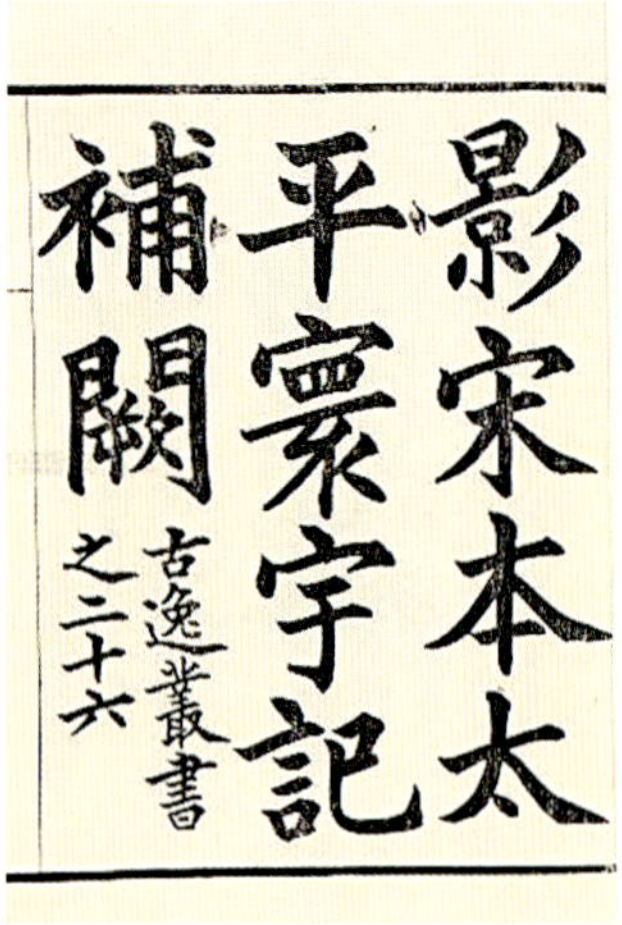

宋代の『太平寰宇記』

海昏侯はもともと昌邑王であり、封地は山東省巨野県一帯にあったが、のちに皇帝の位にのぼり、すぐに廃位され、改封されて海昏侯となり、現在の南昌市新建区一帯に封地を移した。しかし、つまるところ劉賀はやはり北方の人であり、また墓のなかには多くの「昌邑九年」「昌邑十一年」といった文字を記した漆器もあった。このことは、海昏侯劉賀が依然として自分が昌邑王であると考えていたことを示しており、そのため彼は山東にあった昌邑国を「北昌邑」とし、のちに住んだ海昏国を「南昌邑」としたのである。興味深いことに、メディアも多くこの論法を引用し、さらに一歩進んで「これは劉賀がすでに南方のこの新しい食邑を「南昌邑」とみて、それにより自身が故郷の「(北)昌邑」から離されたことによる心の傷を慰めたことを示している可能性が高い」と発表したのである。

筆者はおそらくこの説は成立しがたいと考えている。というのも南昌が行政単位である県となり、また郡治が置かれたのは漢初のことであり、このとき劉賀はまだ生まれていないのである。「昌邑九年」「昌邑十一年」の字句のある漆器については、なぜ故国からもってきた旧物でないといえるのだろうか。

うまい具合に、新建県には今日なお「昌邑郷」があり、その北側には「昌邑山」がある。地誌には前漢昌邑王劉賀が修築した遊塘城にちなんで名づけられたとあり、また遊塘邑《ゆうとうゆう》には昌邑王の墓と昌邑王の古城の遺跡もあるのだという。海昏侯墓の発掘地点が新建県大塘坪郷観西村にあるとはいえ、昌邑郷は依然として海昏侯国の領域内のかなり中心にちかい位置にあり、その領域内には前漢代の古城遺跡もある。しかし「昌邑郷」と「昌邑山」は、後世の人がある種の記念の意味を込めて呼んだものであり、海昏侯自身がさだめた地名ではありえないだろう。後世の人が歴史にもとづいて地名をつけるとき、少し耳触りのよいものを選ぶのがふつうであり、この種の心理は今日の人々とほとんど同じである。「廃帝郷」や「廃帝山」ではどうだろうか。そのような名称は好ましくなく、縁起がわるいにちがいない。「海昏郷」や「海昏山」ではどうだろうか。その地はもともと海昏県であり、それを小地名に用いるのは明らかに不自然であり、やはり昌邑郷や昌邑山とするのが適切ではなかろうか。宋代にいたっても、海昏侯国の古城のことを人々は「昌邑城」と呼んでいた。北宋の楽史の『太平寰宇記《たいへいかんうき》』は、洪州昌邑城について「(洪)州の北にあり、水路一百三十里」と記している。

劉賀はかつて「昌邑王」だったとはいえ、いったん「侯」になったからには、「自分が依然として昌邑王であると考えていた」とすれば、それはある種の僭越であり、思考上の罪でもあるから、どうしてあえて大胆にも器物に記し、いたずらに処罰の口実や罪の証拠を残すようなことをするだろうか。さらにいえば、青銅豆に書かれた「南昌」の二文字もまた、「南昌邑」の略称ではありえない。むしろ器物の製作地を表記したものとする解釈のほうが、道理にかなっている。もしこの考え方が正しいとするならば、海昏侯墓から出土したこの青銅豆などいくつかの青銅器は、侯国と境を接する南昌県の地で鋳造されたということになるだろう。

「海昏」の地名表記と関係する遺物がふたつある。ひとつは墓のなかから出土した木牘《もくとく》（副本）であり、そこには「南藩海昏侯臣賀」と「元康四年六月」の文字がある。もうひとつは出土した金餅に墨書された「南藩海昏侯臣賀　元康三年鋳金一斤」の文字である。これをうけて、ただちに「海昏」や「海昏侯」をめぐる議論がおこった。

　まず、黎伝緒が「海昏」の「海」は古代の漢語のなかで今日いうところの「湖」に相当すること、また「昏」の甲骨文字は、人が横向きに立って手をのばし、その手の下に太陽があるさまをかたどっており、そのため「昏」字のもともとの意味は黄昏であるということを指摘した。

　古人は日の出と日の入りにもとづいて東西方向を識別しており、「東」字の字形は太陽がのぼってちょうど木の幹にさしかかったところをかたどっており、それによって「東方」をあらわしているのである。太陽が人の手もとに向かって沈んでゆくさまを象徴する「昏」の字は、「西方」をあらわしたものとみてよい。したがって、「海昏」を現代語に置きかえるならば、「湖西」あるいは「鄱陽湖の西側」ということになる。この説は文字解釈の点において、ほとんど問題ないが、しかし致命的な問題がひとつあり、それは前漢時代の彭蠡沢《ほうれい》はまだ鄱陽湖へと拡大してはおらず、海昏県の東側は河道が縦横に走る古鄡陽《きょうよう》平原であったということである。鄡陽湖の南湖が形成されたのは、まさに古代の海昏・歴陵・鄡陽三県の一部ないし大部分が沼地へと姿を変え、最終的に廃止された時期である。このため、「海昏」が「鄱陽湖の西」を意味するという説は成立しえない。

　続いて、ある人が文章のなかで、つぎのように述べている。海昏県の遺跡は安義県鼎湖鎮の北潦河上流の台山村にある。『説文解字』では「海」の意味は「天池」とされ、これは高山湖のことをいう。北潦河の水源は、上流の靖安県宝峰鎮よりさかのぼった高山湖にあり、これを「海」と呼んだのだという。また「昏」は『尚書』のなかではその意味を「昏墊《こんてん》」とし、水害や沈《ちん》淪《りん》のことをいうが、靖安の高山湖の水流は北潦河に注ぎしばしば氾濫を発生させたため、これを「昏」といったという。しかし、この説は誤って無理にこじつけた可能性がある。そもそも理

奏牘（「元康四年六月」などの文字がある）

木牘（「妾待、昧死再拝上書太后陛下」などの文字があり、奏牘類に属する。被葬者が皇帝や皇太后に上奏した奏章の副本）

解しがたいのは、県クラスの行政区に対し、古人がこのような不吉な名前をつけることがあるだろうか。

中国人民大学の王子今は相ついで二本の論文を書いた。ひとつは『「海昏」名義考』、もうひとつは『「海昏」名義続考』と題する。そのなかで「海昏侯」の「海昏」の二字には政治的象徴としての意味があると述べている。「昏」は、霍光が「昌邑王は昏乱をおこない、恐らくは社稷《しゃしょく》を危うくせん」と批判した「昏乱」に由来する。また「海」の字は、自然地理概念としての「海」とはおそらく関係がなく、本来の意味はおそらく「晦」であり、「海昏」は「晦昏」と読むことができると結論づけた。また「海昏県」の名称は「海昏国」からきているにちがいないと推論している。

王子今説の主な根拠のひとつは、南斉滅亡時の君主であった蕭宝巻が「東昏侯」と称されたことについて、史書に「漢の海昏侯の故事に依る」と記されることである。もうひとつの根拠は、海昏侯の「食邑四千戸」が、当時の予章郡に属する「県邑」の規模を超えており、そのため「海昏」は「県邑の名ではない」と考えなければならないということである。この説の論証は緻密であるが、ここにいたってやはり破綻がみえている。蕭宝巻は南斉の第六代皇帝であり、十九歳のときに近臣に殺され、新政権である南梁の創始者である武帝蕭衍《しょうえん》に貶《おとし》められて「東昏侯」とされたのであり、どうして「海昏侯」が彼の甥の皇帝に冊封《さくほう》されたのと同じ「ひとつの故事」とすることができるだろうか。

さらに前漢の予章郡に設けられた十八の県についていえば、楽史の『太平寰宇記』が明確にその設置時期を漢の高祖六年（前二〇一年）とするのは南昌・贛《かん》・雩《う》都・宜春・南城・柴桑・鄡陽・建成の八県のみで、秦代に設立された番（鄱陽）・艾《がい》・余汗・南埜・廬陵・安平・新淦（今の新干）を加えると十五県になる。ただ海昏・歴陵・彭沢の三県が欠けており、具体的な時期が明示されていないとはいえ、『漢書』「地理志」には「予章郡、高帝置く。莽《もう》は九江と曰う。揚州に属す。戸六万七千四百六十二、口三十五万一千九百六十五。県十八……」と明確に記載されるから、十八県の設置時期は予章郡と基本的に同時であり、やや遅れるとしても大きな時間差はなかったと推測できる。前漢時代の海昏県の領域は小さくなく、それ以後の行政区画の変化のなかで、修水・武寧・奉新・靖安・安義などの県はすべて海昏県の土地を分割してできたのであり、またのちの新建県の一部も含んでいたにちがいない。劉賀は前漢中期の昭帝の元平元年（前七四年）に廃され、宣帝の元康三年（前六三年）に海昏侯に封ぜられた。もし王子今説のように海昏県が海昏侯から名をとり、また海昏県が海昏侯国に由来するのであれば、漢の高祖六年（前二〇一年）から前六三年にいたるまでの一三八年間、このような広大な土地に県クラスの行政区画がひとつも建設されなかったことになる。どうしてこのような説明が通るだろうか。

海昏侯の「食邑四千戸」について、王子今は『漢書』において海昏県は予章郡十八県のうち十四番目にあげられており、また予章郡下の県あたりの戸数が平均三七四七戸となることから、海昏侯の食邑の戸数として不十分だとする。しかし、これは基本的に海昏県の存在した環境を無視した議論である。海昏県の領域が現在の五つの県にまたがっていることはいうまでもなく、さらには漢代の江西は地理条件が最もよく、経済発展が最もはやく、人口密度が最大の地区のひとつであったと考えられる。序列が十四番目で、一県あたり平均三七四七戸というふたつの数字のみに依拠し、海昏侯の食邑の数が「予章郡所属の県邑の規模」を超えているとする論法は、独断的ではないか。

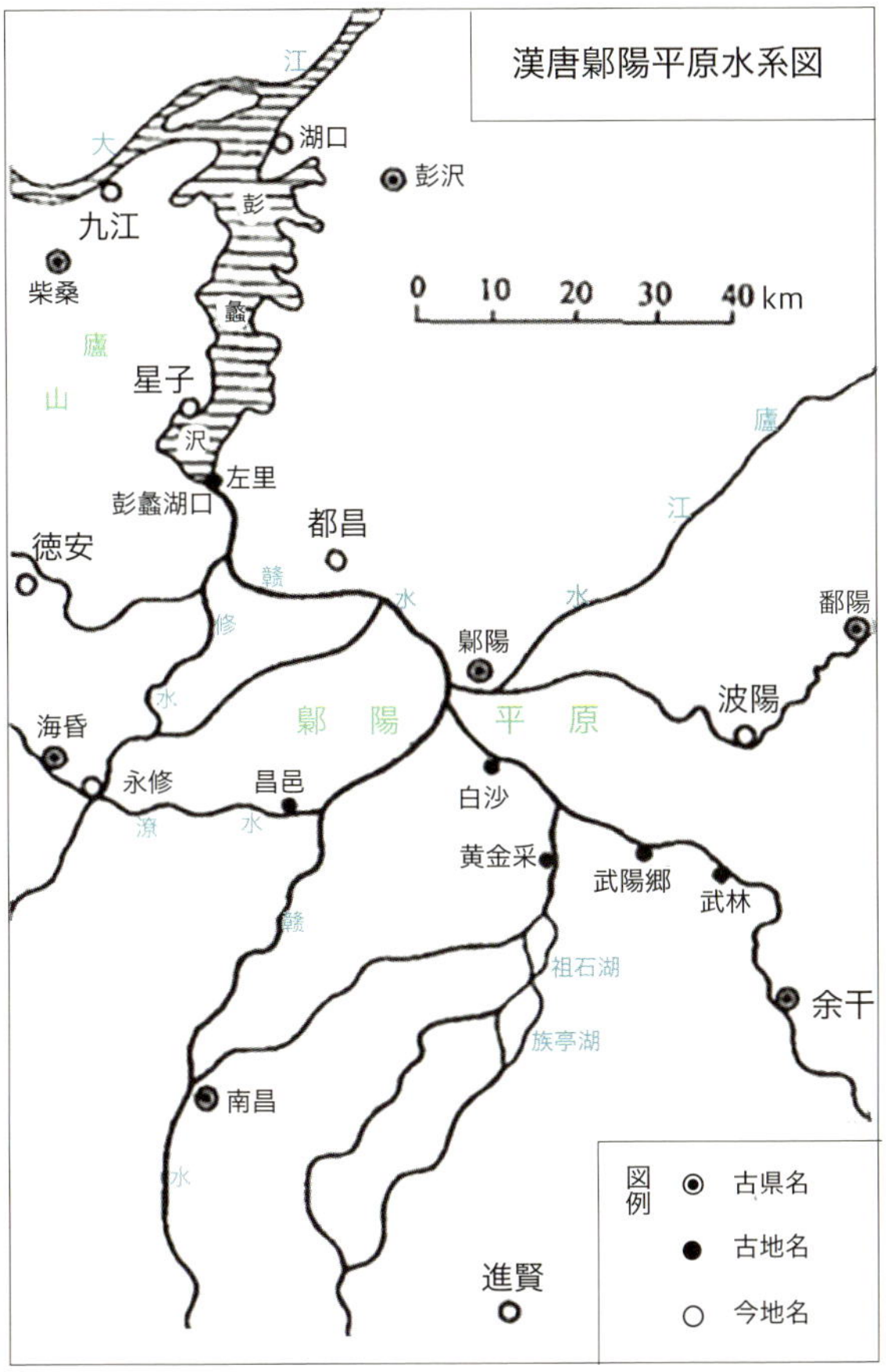

古鄡陽平原水系図

「海昏」という地名についての議論に参加する文章は多く、それぞれに根拠があるが、現在のところどれも納得のいく結論を提示できていない。こうした状況は「海昏の歴史の謎」あるいは「海昏論争」と呼んでもよく、このために知恵を浪費する人がこれからもでてくるにちがいない。

筆者は「望みは高いが実力がともなわない」部類に属し、やはり「海昏」の意味が結局何なのかをはっきりと理解できていない。しかしはっきりと判断できるのは、「海昏県」は確かに「海昏国」に先んじており、また「海昏」は何かを貶めるような意味をもつ名称ではありえず、むしろ「海昏侯」という特殊な人物が、もともと褒貶《ほうへん》の意味をもたなかった県名の意味を変えてしまったのだということである。

海昏侯の自称である「南藩海昏侯」の釈読については、筆者も趙明説におおむね賛同している。『左伝』の僖公四年（前六五六年）には、「楚子（ここでは楚の成王）が使者を敵対していた斉の軍中に派遣し、「君は北海に処し、寡人《かじん》は南海に処す」と言わせた」とある。ここで楚王が称している「南海に処す」とは、実のところ楚国が所在した「南方」を漠然といったものである。「南海」がさすところが政治の中心である長安から遠く離れた南方の野蛮な土地であることから、海昏侯が「南海」を自称することにより、はるか遠くの長安に対して謙遜の意をあらわしたというのは、ひとつの道理にかなった解釈といえよう。

十七、最古の孔子像

文学作品には、いわゆる「肖像描写」というものがある。これは人物の容貌・体格・服飾・装いはもとより、表情・容儀・人柄・習慣の特徴にいたるまで、外観をことばにより描写することで、姿かたちから内面を伝えられるようにし、人物の性格などの特徴を描き、その内面世界を反映させようとするものである。古人が美女を描写するとき、しばしば「紅い唇に白い歯、おしろいを塗ったかのような白い顔、玉の彫刻のようなすらりとした指、長くたなびく黒い髪、氷のように透きとおり玉のように滑らかな肌、ひろく四角いひたいに細く弧を描いた眉、くっきりとした瞳、蘭の花のようにかぐわしい吐息」などと形容してきた。あるいはもう少し曖昧な表現を用いて「朱を施せば則ち太《はなは》だ赤く、粉を傅すれば則ち太だ白く、之に一分を増せばすなわち太だ胖《ゆた》かにして、之より一分減らせば則ち太だ痩せたり」などといい、またあるいは「沈魚落雁の容、羞《しゅう》花《か》閉月の貌」などという。さらに極端なものになると、「国色天香、傾国傾城、

孔子像

花容月貌、絶世の佳人」などというわけである。これらの描写をみてみると、ひろく認識されている美の方向性について思いをめぐらすことしかできず、いったいどのように美しいのかは、天のみぞ知るところである。たとえば、ある女性がきわめて美しいことを、「月のなかの嫦《じょう》娥《が》」のようだという。嫦娥の器量がどれほどであったのか、いったいだれにわかるというのだろう。

さて、孔子はどのような姿をしていたのだろうか。これはきっと少なからぬ人々にとって非常に関心のある問題であろう。古代の伝説ではこの偉大な聖人は奇異な特徴をもって生まれ、「身高九尺六寸、牛唇獅鼻、海口輔喉、虎掌亀脊」であったと伝えている。はたして本当にこのような容姿であったとすれば、もはや醜悪きわまりない「異星人」ではないか。

写真技術のなかった古代には、人々は絵画によって、先人の形象を留めた。孔子は中国文化の中心となる思想面で重要な代表的人物であり、儒学の伝統の化身であり、そのためかの聖人の画像は、さらに特別な象徴的意味と教化の効果をもっていた。

はやくも孔子逝去の翌年（前四七八年）、魯の哀公は孔子の居所を改築して記念館のような性質をもった廟宇にし、彼の生前の衣冠・車・書

籍をそのなかに陳列し、そこで「歳時をもって奉祀」した。漢代にいたり、孔子はさらに統治者に重視された。漢の高祖十二年（前一九五年）、劉邦は「太牢《たいろう》」をもって孔子を祀ることをはじめた。「太牢」には牛・羊・豕の三種の犠牲がそろっていなければならず、古代の帝王が天帝・先王・社稷を祀るときの最高の格式である。さらに漢の武帝は、董仲舒《とうちゅうじょ》の建議を採択し、「百家を罷黜《ひちゅつ》し、独り儒術を尊」び、まさに孔子の中国史上における至尊の地位を確立させたのである。

　孔子の没後、漢代までの孔子の肖像に関する資料は、今日にいたるまで目にした人はいない。山東省曲阜市所蔵の「孔子夫婦楷木彫像」は、孔子の弟子の子貢が師匠である孔子のために廬《いおり》を結んで墓を守ったときに彫刻したと伝えられるものの、専門家の考証によればこの二点の作品は宋代の模倣品とされる。その模倣品が依拠した原型が、本当に子貢がつくったものかどうかは、はっきりさせるすべがない。

　史書には、前漢景帝のとき（前一五六～前一四一年）、文翁が蜀郡の太守に任ぜられ、「孔子像」を描き彼が興した学官のなかに掛けたという。これは現在までに知られる孔子の肖像についての最もふるい記録である。しかしだれも本物を見たことがない。そののち、後漢の桓帝の在位時（一四七～一六七年）に、老子廟の壁に「孔子像」を描いたという。また光和元年（一七八年）、後漢の霊帝は画工の劉旦と楊魯に命じて、文学芸術を専門に学習・研究していた当時の学校である「鴻都門学」に「孔子及七十二弟子像」を描かせたという。残念なことに、これらの肖像は、はやくに建物と一緒に灰燼に帰してしまったらしい。我々が今日見ることのできる最もふるい孔子の造形は、山東省嘉祥県で発見された後漢代の「孔子見老子」と「孔子撃磬図《げきけい》」である。内蒙古ホリンゴル後漢墓壁画にも、孔子を描いた絵画がある。西晋から宋代にかけて、孔子の画像に関係する記録は次第に増加するものの、それでも見ることができる実物は少ない。

南宋の馬遠が描いた「孔子像」

　南宋の馬遠が描いた「孔子像」は、我々が今日見ることができる最もふるい絹本孔子画像であり、現在は故宮博物院に所蔵されている。比較的数が多いのは、明清時代の作品である。曲阜の孔廟聖跡殿のなかには、今日なお宋代のいくつかの石刻画像が保存されており、そのなかで最も著名なものが「孔子行教像」で、呉道子が描いたと伝えられ、後世に多くの模本がつくられて、おおよそ孔子像の標準となっている。画像の孔子は頭上にもとどりを結い、儒服を身

漆屏風
（孔子とその弟子の聖賢像が描かれており、また彼らの生涯についての事績に関する文章が書かれている。主槨室西室中部より）

に着け、容貌は端正で厳粛で、姿勢は穏やかであり、てっぺんがくぼんだ頭、高い鼻、二重にかさなった歯などの特徴があり、民間で流伝している孔子の形象と比較的よく合致する。画像には讃が付され、「徳は天地に配し、道は古今に冠たり。六経を刪述《さんじゅつ》し、憲を万世に垂る」とある。

二〇一五年十一月十四日、歴史を書きかえるような大発見のときが少しずつ近づいていた。海昏侯墓の主槨室内で、一枚の平らな物体が調査員の注意を引いた。それは一幅の漆木屏風であった。屏風からおおよそ一メートルほど離れた位置には、二〇一一年に墓泥棒が残した盗掘坑があり、それが少しでもずれていれば、この屏風は破壊されていたことだろう。

屏風の四周には外枠がはめられており、つなげると、合計で幅五〇～六〇センチメートル、高さ七〇～八〇センチメートルであった。洗浄により、屏風上に人物画と隷書体の文字が浮かびあがった。文字には「孔子」「顔回」「叔梁紇《しゅくりょうこつ》」などの名前があり、人々の心を躍らせた。ふたりの人物は一方が上に、もう一方が下に位置しているようだった。上の人物はただ輪郭がわかる程度で、下の人物は頭部が模糊としていたものの、衣の襟ははっきりと識別できた。七行にわたる小さな文字で、孔子の生涯が書かれていた。考古学調査員の判断によると、漆屏風に描かれているのは聖賢像であり、そのなかには孔子の画像も含まれ、これは今までに知られたあらゆる媒体の図像のなかで、最もふるい孔子像である。

漆木屏風の背面には一枚の同じ長さと幅の銅の背板があったが、屏風の台座などは発見されなかった。漆木板と銅背板の間は四本の円柱のようなもので接着され、間にはおよそ〇・五センチメートルの空隙があり、この台座をもたない屏風も直立できる可能性が残されている。調査員によれば、このように漆板と銅板を組みあわせる屏風製作技法は、漢代の考古学史上では初めての発見だという。

屏風に書かれた七行の小さな文字は、またたく間に学術界を震撼させた。これらの文字の内容は、まさしく孔子の生涯の記録だった。北京聯合大学の王楚寧はすぐに「海昏侯墓孔子屏風浅釈」という一文を発表し、屏風の文字はこれまでに知られていた各種の伝世文献の欠落を補いうるものだと論じた。たとえば孔子の姓氏について、これまでにまとまった記載はなかったが、漆木屏風には明確に孔子の「字は中（仲）尼、姓は孔、子氏」であると記されていた。屏風の第二行目の文字に「魯の昭公六年、孔子は蓋し卅なり」とあるのを根拠に試算すると、孔子の生年は魯の襄公七年（前五六六年）であり、これは『春秋公羊伝』や『春秋穀梁伝』の記載より十四年早く、また『史記』「孔子世家」の記載より十五年早い。これにより、孔子は八十七年生きたということになる。

孔子の身長もまた、歴史学界が不断に論争を続けてきた議題である。『史記』「孔子世家」には「孔子の長は九尺有六寸にして、人はみな之を『長人』と謂いて之を異とす」と記される。前漢の一尺は現在の二三・一センチメートルに相当し、「九尺六寸」は二・二一メートルであり、姚明[11]（二・二六メートル）の背丈にせまるが、これは実際とかけ離れすぎているのではないか。ある学者は、司馬遷が各国に残されていた史料にもとづいて『史記』を書いたことに着目し、次のように述べている。孔子は魯国の人であり、魯国の尺度は西周と一致していたにちがいない。西周の一尺はおおよそ現在の一九・七センチメートルあるいは一九・九センチメートルに合致し、西周の尺で換算すれば、孔子の身長は一・八九メートルあるいは一・九一メートルであったにちがいない。このような考え方はかなり実態と符合するようである。興味深いのは、海昏侯墓で出土した屏風にも孔子の身長についての記載があったことである。なぜメディアで「七尺九」と誤記されたのかは分からないが、某専門家がわざわざ前漢の尺で換算し、導き出された孔子の身長がおよそ一・八二メートルであるという認識は、もう一度歴史を書きかえてしまったようだ。のちに公表された屏風の写真にもとづけば、「孔子の長は、九尺有六寸」であることが明らかで、『史記』「孔子世家」の記載と一致する。

一点の屏風が、三つの歴史記録を書きかえ、また物証というかたちで前漢時代の儒学に対する尊崇を証明したのであり、この屏風の学術的価値はあらためて述べるまでもない。ただ、この屏風の画像が孔子本人の容貌にちかいかどうかということだけは、現在のところ比較や考証の方法がない。

謎の多い海昏侯墓には、はやくから後世の人のため、いくつもの謎が周到に用意されていたようにさえ思える。論争ははやくから運命づけられていたかのようであった。

山西大学の白平教授は率先して「孔子屏風」の記載に対して疑義を提示し、孔子の「姓は孔、子氏なり」という記載は事実とは符合しないと指摘した。孔子は殷人の末裔であり、殷人は子姓で、そのため孔子は実際には「子姓にして、

孔子屏風出土現場

孔は氏」なのである。また、前漢時代において確かに孔子が魯の襄公七年に生まれたという説があったとすれば、当然ながら根拠となる典籍があったはずであり、どうして当時『春秋公羊伝』や『春秋穀梁伝』の記載に対して疑義を呈する人がおらず、学術史上にも関係する痕跡が何も残されていないのだろうか。したがって、「屏風には偽りがある」というのである。

王瑞来が指摘することには、「文献の成書年代を考えると、孔子屏風の記載は『史記』を含む現存の文献記載よりも年代が下る」のだという。現存する文献が明示する証拠は新出史料に多くの不利な部分があることから、すぐに新出史料について至宝を手に入れたかのようにみて、それにもとづいて奇想天外な結論を導きだすことはできず、なお慎重に周到な考証をへて議論をかさねていく必要があるという。考古学の専門家である信立祥が慎重に指摘することには、現在のところ目にすることができる孔子の生涯を記載した文献はきわめて限られており、前漢時代にそのほかの版本があったかどうかは知るすべがなく、厳密な証明の原則からみれば、孔子屏風は現存の史料の記載を完全に覆すことはできないのだという。

筆者の同窓の邵鴻は簡牘学の方法を用いて孔子屏風についての研究をおこなった初めての学者である。彼は「海昏侯墓の孔子屏風についての試論」という論考のなかで、一行ずつ屏風の文章について考証し、「屏風は『孔子および弟子伝の屏風』と称するべきである。屏風絵の構成は、孔子が屏風の上端に位置し、その弟子がその下に配されていたにちがいない。孔子の画像の右側にはまだ一体の人物像があるようだが、これは孔子の父親の叔梁紇である可能性がある」と指摘する。孔子の姓氏について、「孔子の氏が孔であり、子姓であった可能性がある」とされているのは、あるいは誤った議論かもしれない。あるいは、本来は『史記』「孔子世家」の「姓は孔氏」と同じであったところを、「孔」字の次に「子」字を挿入してしまう誤りは容易に生じる可能性があり、それにより「姓孔子氏」としてしまったのかもしれない。孔子の年齢に関しては、屏風は「魯の昭公六年、孔子は蓋し卅なり」とするが、『史記』「孔子世家」の「魯の昭公の二十年、孔子は蓋し年三十なり」をはじめとする伝世文献と大きく異なる。彼が指摘するところでは、屏風の「六」字は「廿」の誤記であるにちがいなく、また何新がそれ以前に発表した「南昌海昏侯劉賀墓出土屏風釈読の誤り」という文章でも、こうした見方がなされているという。

屏風と『史記』「孔子世家」の記載は一致している。したがって、「孔子の生年についての伝統的な認識が屏風の出土によって揺らいだとする考え方は誤りで、それに関連する論争はいったん停止すべき」であり、「『屏風に偽りがある』とする考え方には、まったく必然性がない」という。またこの論者はさらに比較研究にもとづき、「屏風の孔子についての小伝は、確かに『史記』「孔子世家」を参照しており、また孔子の門弟に関する小伝の部分もまた『史記』「仲尼弟子列伝」を参照している。つまり屏風の作者は、まちがいなく『史記』を読んだことがあり、その記述を利用していたのである」と論じた。孔子屏風と『史記』との間に大きな差異はないのである。

　孔子が「野居して生まれ」という屏風の記述は、『史記』「孔子世家」の「野合して孔子を生む」という記載と異なっている。恩子鍵と任和合は、古代文字の「合」と「居」の二字は字形がかなり近似しており、『史記』に「野合して孔子を生む」とあるのは後世に書写した際の誤りであると論じる。郭永秉は、「野居」とは野外で生活をともにすることであり、写しまちがいとみることはできないと論じる。なるほど、「野居」ということばは、「野合」ということばを少し婉曲に表現したものではないか。

　数日前、漆木屏風についてのこれまでの認識をくつがえす説が、また世間を驚かせた。

　それは中国社会科学院考古研究所の王仁湘が発表したもので、孔子屏風は屏風ではなく、一組の銅鏡であるという。王氏の考えは、一連の疑問からはじまっている。この「屏風」と呼ばれたものは全部で高さが一メートルに満たず、規格が少し小さすぎるのではないか。人が座ればなんとか遮蔽できるとしても、あのように幅がせまくては、どうして人の身体を覆いかくすことができようか。さらに、これが漆木屏風だったとして、どうして背面に一枚の平たい銅板を打ちつける必要があるのだろうか。もし強度を増すためなら、どうして直接に木板を厚くしないのだろうか。したがって、この銅板にはきっと別の意味があるにちがいない。

　以上のことから、王仁湘はこの一組の複合構造物は屏風ではなく、銅鏡であるにちがいないと断定する。この銅板は背板ではなく、補強材でもなく、これが本当の主役だというのである。

　前漢時代の大型の方形銅鏡は、これまでにも先例となる実物資料が発見されているという。一九八〇年に山東省淄博《しはく》県窩托《かたく》村南の前漢斉王墓五号陪葬坑から、大型の長方形の銅鏡一枚が出土している。鏡は高さ一一五・一センチメートル、幅五七・七センチメートル、厚さ一・二センチメートル、重さ五六・四キログラムであった。方鏡の背面には五個の環形弦紋鈕があり、それぞれの基部に四葉紋をかざり、鏡背面の装飾は夔龍紋《きりゅうもん》の図像であった。この鏡は山東省淄博博物館に所蔵されている。斉王墓の方鏡と対比すると、海昏侯墓の「屏風」の銅板はこれとくらべて大差なく、さらに斉王墓例のほうがいくぶん大きいものの、鏡であるとみてよい。斉王の方鏡は鏡面があるだけであり、鏡箱の類の付属物は残存しておらず、そのため海昏侯墓の発見はこの事例と相互に補完しあう関係となりうる。これにより、この構造物の構成要素のリストをはっきりと提示することができる。

　鏡架：出土現場の写真からみると、鏡架は本体が方形の枠形をしており、やや厚い方形の木板を組みあわせてつくり、そのなかに鏡面と鏡背を嵌め込む。鏡架の四方には彫刻や漆絵を加えることもある。鏡架は鏡座の上に設置されていたと考えられるものの、鏡座の形態や構造はなお不明瞭である。

　鏡面：「屏風背板」と呼ばれた銅板で、方形を呈し、銅で鋳造したものを磨いて成形している。鏡面は大きく、高さはおよそ八〇〜九〇センチメートル、幅は五〇センチメートル前後である。

鏡背：漆木製で、孔子および弟子の画像を描き、孔子および弟子の生涯の事績が記されている。

鏡掩《きょうえん》：鏡架にとりつける蝶番であり、鏡面を開閉するための装置である。覆いとなる板は漆木を材質とし、そこには「衣鏡」「佳以明」などのめずらしい字句が確認できる。

鏡銘：漢代の銅鏡にはしばしば銘文が鋳込まれており、情を歌い思いを伝えている。洛陽出土の方格規矩四神鏡の銘文には「福憙《ふくき》進みて日《ひ》び以て前《すす》めん。玉英を食し澧泉《れいせん》を飲む。交龍に駕し浮雲に乗る。白虎引きて泰山に上る。鳳凰集まり神仙を見る。長く命を保ち寿は万年ならん。周りて復た始まり八子十二孫あり」とある。海昏侯墓の方鏡に銘文があるとすれば、前漢後期の気風にしたがい、鏡の用途と意義が記され、また高度に文学的なものとなっていることだろう。すでに発見されている背板に関係する文字はみられず、銘文が記された位置は明らかでないものの、鏡掩に記された「衣鏡」「佳以明」といった字句がそれかもしれない。

海昏侯墓の方鏡にはどんな名前をつけるべきだろうか。王仁湘がいうには、この鏡の出土位置は主槨室西側の出入口付近であり、辟邪の意味があったにちがいなく、これは門をまもり邪をしりぞける鏡とすることもできるという。また鏡面が大きいことから、日常的に衣冠を装うための役割をなしていたかもしれず、そのために現代の名詞を用いて「姿見」とするのもわるくはないだろう。

鏡というものは、中国文化において、容貌を映し、衣冠を整えるといった生活面での機能だけではなく、そこにこめられた思想や意味もまた、とても深長なものである。しかし、孔子のような聖人とその弟子の画像およびその伝記を、姿見の背面にあらわすのは、適切といえるだろうか。礼儀を欠いているのではなかろうか。どうなのだろう……

訳注

⑪ 現代中国のバスケットボール選手、一九八〇年生。

十八、被葬者の雅好と人物像

「人の好む所」は「人の性情」の発露である。このことはまちがいではないだろう。

『呂氏春秋』「論人」には「八観」の考え方が説かれている。おしなべて人間というものについて論ずるに、ある人の羽振りがよくなれば、その人が自分より弱い立場の人に対し、礼をもって謙虚に接しておごらず、権勢を笠にきていじめたりしないかをみる必要がある。ある人の地位が高く尊貴になれば、その人がどのような人を推薦し、引きたてるかをみるべきである。ある人が富裕になれば、その人がどのように、だれのために、どこでお金をつかうかをみるべきである。ある人の意思表明をきけば、その人がそのとおりにふるまうかをみるべきである。暇があるときには、その人が何を好み、どのように空いた時間をつぶすかをみるべきである。また平常時には、その人が一貫してどのように話し、話の前後で一致しているかどうか、話のつじつまがあうかをみるべきである。また貧困に苦しんでいるときには、その人が堅守するものをもてるかどうか、手にすべきではないものを決して手にしないかどうかをみるべきである。また地位が低いときには、その人がしないことがあるかどうか、人としての一線に踏みとどまることができるかをみるべきである、というのである。

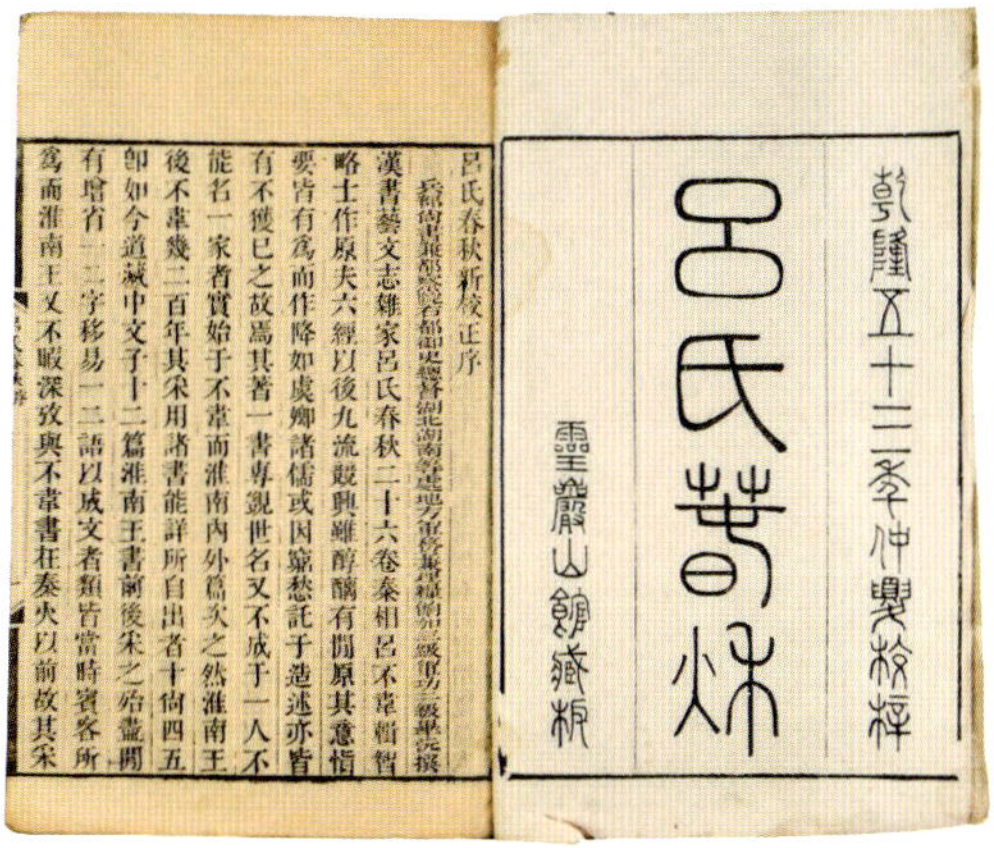

『呂氏春秋』

劉賀がどのような人であったのかは、当然ながら史書に記載がある。しかし史書の記述は彼をあまりにおとしめているため、真実味を欠いている感は免れない。歴史家と歴史書は、必然的に特定の時代の制約をうけている。考古学の作業は、SFのように我々の眼前に二千年あまり前の本当の人や物を浮かびあがらせ、我々がその人をみてその人を知るために、文字資料よりもさらに豊富で、直観的で、真実にちかい手がかりを提供してくれる。

父方の家系の状況からみると、少なくとも劉賀が生まれつき受けついだものに大きな欠陥があったとは考えにくいものの、傲慢な習性が身につく可能性はきわめて高かった。その祖父は歴史上に雄才大略の英主とされる漢の武帝であり、秦の始皇帝とともに「秦皇漢武」とならび称された。祖母の李夫人は世にならびなき美人である。『漢書』「外戚伝上」によれば、前漢の音楽家である李延年は、ある宮廷の宴会において、舞を献じ、歌を贈った。「北方に佳人あり、絶世にして独り立つ。一たび顧みれば人の城を傾け、再び顧みれば人の国を傾く。寧《いずく》んぞ傾城と傾国を知らざらんや。佳人は再びは得難し」と。この歌はのちに大いに流布し、ひろく知られるところとなった。その歌詞は『詩経』「大雅・瞻卬《せんぎょう》」にある、「哲夫は城を成すも、哲婦は城を傾く」という句を典拠としている。「傾国傾城」という成語はここから派生してできたものである。李延年の歌をきいて、武帝は感動を禁じえず、感慨深く「この世のどこにそのような絶世の美人がいるというのだ」といった。武帝の姉である平陽公主は、この皇帝である弟に、「どうしていないことがありましょう。遠くは天に、近くは眼前にいるではありませんか。李延年の妹こそ、その絶世の美貌の人物です」と答えた。漢の武帝はこれをきいて大いに喜び、命を下して召しだすと、はたして傾国傾城の美貌があり、また音律にも精通し、美しい舞を踊ることができ、すぐさま李延年の妹を入内させ、李夫人と称した。李夫人は深く武帝の寵愛を受け、のちに劉賀の父親である昌邑王劉髆《りゅうはく》を生んだ。彼女の兄の李延年は「協律都尉」に任ぜられ、宮廷の楽器の管理を担当した。

　劉賀の父親世代の兄弟は六人おり、父親の劉髆はその五番目であった。漢の昭帝が即位したとき、六人の兄弟のなかで逝去しているものが三人いた。大伯父の劉拠は、巫蠱《ふこ》の禍によって自殺していた。二番目の伯父である斉の懐王劉《りゅう》閎《こう》は早逝し、世継ぎがなかった。劉賀の父親は昭帝の即位前後に亡くなっていた。残りは三番目の伯父の燕王劉旦、四番目の伯父の広陵王劉《りゅう》胥《しょ》、叔父の昭帝劉弗陵だけであった。劉賀は名実ともに「皇孫」であったとはいえ、それでも自らの退位を迫られ、霍光によって武帝の曽孫である劉詢を皇帝として擁立されたあとは、落ちぶれた「皇叔」でもあった。彼は五歳で昌邑王の位を継ぎ、十九歳のときに帝を称し、在位二十八日目にして廃され、そののち山東で幽閉されること十年ちかく、三十歳にしてまた海昏侯に封ぜられ、予章郡に居を移した。劉賀は生まれに足りないところはなく、生まれてからも別に欠陥などなかったのだ。

　劉賀はどのような姿をしていたのだろうか。画像もなければ、当然ながら写真もない。『漢書』の記載では、宣帝の地節四年（前六六年）九月、山陽太守の張敞《ちょうしょう》が昌邑王の旧宅をおとずれ、その内容を皇帝に報告したなかに、劉賀の相貌が描写されている。これは我々が劉賀の姿を知るための唯一の史料である。張敞が目にした劉賀の顔色は青黒く、明らかに血色は悪かった。目は比較的小さく、鼻は端がとがって低くなり、あごひげは多くなく、「美髯公《びぜんこう》」からはほど遠かった。身長は高いものの、四肢の麻痺を患い、一種の肌や筋肉が萎縮する病であると考えられ、そのため行動には不自由なところがあった。短い着物と長い袴を身につけ、恵文冠を戴き、玉環を佩び、髪には筆を挿していたという。このとき劉賀は二十七歳に満たず、このような老けこんだ姿には、いささかも風流洒脱なところはなかった。頭上に戴いた冠帽の様式は、趙の恵文王が創始したものとされ、武官がかぶるものであった。『続漢書』「輿服志下」は、「武冠、一に武弁大冠と曰い、諸武官之を冠す。侍中・中常侍は黄金璫《とう》を加え、蝉を附して文《もん》とし、貂尾を飾とす。之を趙恵文冠と謂う」と説明している。髪に挿した筆については、『史記』「滑稽列伝」に「西門豹 簪筆《しんぴつ》して磬を折る」とあり、張守節はこれを「簪筆は、毛を以て簪頭を装うを謂い、長さ五寸、挿して冠前に在り、之を謂いて筆となす。筆を挿して礼に備うるを言うなり」と解釈している。この説にもとづけば、簪筆は毛によって頭を装飾した簪《かんざし》であり、筆を挿して礼に備える、あるいは簪筆して礼に備えるというのは、一種の礼節であるにちがいない。しか

山東省巨野県の昌邑王廃塚

し『漢書』「昌邑王劉賀伝」の「簪筆して牘を持ち、趨《おもむ》き謁す」という記述について、顔師古の注は「簪筆は、筆を首《こうべ》に挿すなり」として別の解釈を提示している。すなわち、筆を冠に挿し、それにより文字を書くのに備えるのである。この考えによると、古代の帝王の近臣、書吏および士大夫にはみなこの種の装束があったらしい。劉賀が郡守の来訪に接見したとき、頭上に筆を挿し、手に簡牘をもっており、身をおこして急ぎ足で進み拱手《きょうしゅ》して礼をしたのは、まさしく読書の時間に来客を迎えた情景ではないだろうか。

　これを裏づけるかのように、劉賀墓の蔵槨内からは大量の竹簡や木牘が出土している。概算によれば、竹簡は一万枚以上（のちの報道では六千枚あまりとされた）、木牘は二百枚あまりという。竹簡は漢代およびそれ以前に用いられた書籍である。海昏侯墓から出土した竹簡に対する初歩的な精査の状況からみれば、これらの竹簡の書籍や文献にはおおよそ『築墓記』『論語』『易経』『礼記』『医書』『五色食勝』などの内容が含まれている。『漢書』の「簪筆して牘を持つ」という描写とあわせてみると、劉賀は書を愛好した読書人で、また読書に対してたいへん真面目であり、筆で句読点をつけながらメモをとり、熟読しようとする姿は、みだりに拾い読みをしてうわべを飾ったものではない。

　劉賀は帝王の家系の出身であり、すぐれた教育に接するのに優位な条件があった。『漢書』「武五子伝」の記載では、朗中令龔遂《きょうすい》は劉賀にふるまいを慎むよういさめたが、彼のことばからは劉賀がいくらかの詩書を読んでいたこともわかる。「大王は『詩』を誦すること三百五篇、人事は浹《あまね》く、王道は備わる。大王の位は諸侯王なれども、おこないは庶人よりも汚く、以て存り難く、以て亡び易く、宜く深く之を察すべし」と彼はいうのである。劉賀は十八歳にして突然皇帝となり、経験不足で、年若く血気盛んであり、平素から放蕩をおこなっており、政治経験も権謀術数も皆無であったことはいうまでもない。起伏のきわめて大きな急転直下の運命を経験し、この頑固で無知な人もまた、いくらかの物事を理解し、いくらかの成長をすることとなった。史書はこぞって「劉賀の前半生」をけなしているが、後世の読者は史書の記録にある前半生を根拠に「劉賀の後半生」を全面的に否定するわけにもいかないようである。

　漢代の「死に事《つか》うること生に事うるがごとし」という葬送習俗に照らし、我々が海昏侯墓の「東寝と西堂をもつ」とされる主槨室の構造を劉賀の生前の居室の再現とみるならば、そのような

編鐘

主槨室の西半が模倣しているのは劉賀の接客の空間であるにちがいない。調査員はまさにここであの「孔子及弟子画像伝漆木屏風」を発見したのである。この屏風は漢代の「儒を崇《たっと》ぶ」文化的気風を体現しており、これが接客のための重要な空間に置かれたことは、少なくとも劉賀が聖賢を尊崇する意識をもっていたことを示している。

張仲立によれば、孔子屏風は漆板と銅板から構成され、そうした製作技法の屏風は、漢代考古学のなかで初めての発見であるという。そうすると、孔子屏風は劉賀が特別に意を伝え、あるいは人に命じて製作させたものであった可能性があるといえるだろうか。これには何か別のメッセージが隠されているのではないだろうか。

邵鴻は、この漆木屏風および墓壙出土の遺物にみる濃厚な儒学の色彩は、劉賀にとって自身が君臣の道を遵守していることを表明するものであった可能性が高く、それらは「自身を守る道具」であり、その目的は他人に対し劉賀自身が「坐せば則ち詩書を誦し、立てば則ち礼容を習う」という表面上の姿を示すことであったと論じる。彼はこの判断の根拠を『漢書』の関係する記載のみならず、屏風よりえられた情報からも提示している。屏風の文章の誤りはすでに知られている部分で五〜六か所と多く、とりわけ孔子の年齢をまちがえていることから、「このように重要な家具であれば、たとえその書き手が不真面目であったとしても、主人が孔子と儒家経典に対して深く尊崇し十分に熟知していたならば、こうした錯誤の存在を許すことはなかったであろう。このことから、屏風や多くの儒家典籍は、朝廷の厳しい監視下に置かれていた劉賀にとって、やむをえない選択にすぎなかったであろう」と彼はいう。したがって現在、一部の人々が劉賀の名誉回復を主張し、劉賀が荒淫きわまりなく礼法を守らなかったという正史の記述は霍光による誇張にすぎないと考えるのは、むろん一定の道理がある。子貢が「紂王の善ならざるは、是の甚だしきに如かざるなり」といったが、まして劉賀のような政争における敗者についてはなおさらである。しかし、もし劉賀が「狂乱にして道を失」ったとする歴史叙述をこれによって完全に否定し、ひどい冤罪をこうむった貴族の儒者とみるのであれば、それはあまりに矯正が度をすぎているようであり、さらに慎重になる必要がある。

筆者が考えるに、孔子屏風には確かに「保身の道具」としての役割があったかもしれず、このような方法を思いつき採用できるということが、一種の政治的な知恵でないとはいえないであろう。このことはまた、年若く気が狂った劉賀は、ついにものごとを理解し、利口になり、自らの不可能を知り、粗暴なふるまいをすることはなくなっていたということをも意味している。

出土遺物からみれば、劉賀は読書以外にも多くのものを愛好したことがわかる。

墓から出土したひとまとまりの楽器には、二組の銅編鐘、一組の鉄編磬および琴・瑟・排簫・笙のほか、数多くの伎楽俑が含まれており、目にみえるかたちで前漢列侯の用楽制度を再現しているだけではなく、劉賀の音楽に対する愛好が本物であったことをも明らかにしていた。こ

伎楽木偶（北蔵槨中部楽器庫より出土）

漆盒および硯（西蔵槨文書庫より出土）

のような音楽への愛好は、彼の育った家庭環境とかかわっている。つまり彼の祖母である李夫人と彼の大伯父である李延年はどちらも当時著名な音楽家であり、幼少のときから彼が音楽の薫陶をうけていた可能性がある。史料を介して屈折した情報のなかにさえ、劉賀が音楽に対してどれほど夢中になっていたかをみてとることができる。『漢書』「霍光金日磾伝」には、帝位を廃されるに値する劉賀のさまざまな罪状が列挙され、そのうち音楽に関連することがらについて、次のように述べている。劉賀は太子にたてられてから皇帝に即位するまでの準備期間に、侍従の官に命じて節符をもちだし、昌邑国からきた従官・従僕・官奴二百人あまりを呼びよせ、宮中の奥で音楽や遊びにふけった。先帝の霊柩は前殿にあってまだ殯《もがり》を終えていないにもかかわらず、自ら楽府の楽器を調達し、昌邑の楽人を招いて太鼓をたたき管楽を吹奏させ、舞い踊って歌い弾かせ、娯楽に興じた。昭帝の霊柩が埋葬されると、劉賀は宮中にもどって、にわかに前殿にのぼって鐘や磬を撃ち、泰一祭壇・宗廟の楽人や儀仗の楽隊を召しよせ、鼓吹歌舞して、みなで合奏させた、というのである。これは当然、礼法を尊重しなかったという大罪にあたり、また劉賀の音楽好きが高じて癖となり、時と場合をかえりみることができないほどになっていたことをあらわしている。文学家を含む芸術家は、およそ人類のなかでもとくに変わった集団であり、ほとんど常識では推しはかることができない。ふつうと異なるところがなければ、芸術作品を世にだすことはできないのだ。古今東西、ほとんど例外はない。あるいは、もし劉賀の皇帝としての「任期」がさらに数十年あったなら、歌舞音曲を愛した玄宗皇帝の先駆けとなりえたかもしれない。

　海昏侯は音楽をこよなく愛しただけでなく、囲碁も好きであった。一号墓の娯楽用具庫からは金糸を象嵌した碁盤が出土している。一辺およそ二〇センチメートルの方形で、被葬者が生前に用いた年代物であったと考えられるものの、残念ながら碁石は発見されていない。碁盤の形状や格子の数からみて、囲碁盤であったことはまちがいない。これは中国で発見されたなかで最もふるい碁盤の実物である。

　劉賀の「簪筆し牘をもつ」という姿と完全に符合する別の証拠が、回廊部の文書庫から出土した二点の硯《すずり》である。硯は長方形を呈し、桃花の図像が刻まれ、精緻で美しく、保存状態は完全で、しかも墨の粒が残存していたことから、海昏侯が生前に使用したものと考えられる。これは海昏侯劉賀が文章を書き墨を走らせるのが好きだったことを示している。墓のなかから出土した「南藩海昏侯臣賀昧死再拝皇帝陛下」という奏牘に書かれた文字からは、劉賀の書法が精妙であったことをみてとれる。彼はあるいは少なからぬ書を残しており、もしかすると一定の書画の才能もあったかもしれない。

ある人は、劉賀が琴や碁や書画に精通した文学青年であり、生活は放蕩だが風雅でもあったと評価する。墓から出土したいくつかの博山炉は、劉賀がのんびりと書を読んだり、墨跡鮮やかに筆をふるったり、碁を嗜んだり演奏を聴いたりしていたときに、香を焚くのに用いた可能性が高い。

仮に劉賀の短い前半生といったときに、王子や王侯としての、そして二十七日の波乱万丈な皇帝としての生活を指すとすれば、後半生は再び海昏侯に封ぜられ、遠く南国に移されてからの生活ということになるであろう。その基本的な暮らしぶりは、全体として「儒士」のそれにちかい。しかし、一部の論者やメディアがいうように、出土遺物のなかに大量の特殊な食器が大量にあったことから、彼が「美食家」であったとする説も、当然ながら排除できない。書を読み、文章を書き、絵画を描き、楽器を演奏し、

囲碁盤（西蔵槨文書庫より出土）

碁を打ち、香を焚く……政治的な力を失った海昏侯は、以前のように自己の才をことさらにひけらかすようなことを決してしようとはしなかった。結局のところ、多くの犠牲を払った血の教訓はあまりにも深く、骨の髄まで染みこみ、心に刻み込まれていたのである。そのため彼は「低調」であることを選び、「平淡な日常」を過ごし、「侯王の身分」に下り、「儒士の生活」に近づいていった——それはいうならば「外面は儒士、中身は侯王」の生活であった。

「投壺」の出土も、あるいはひとつの証拠といえるかもしれない。

それは一点の青銅投壺である。頸部は細長く、腹部は扁平な球形を呈する。古代では、投壺は高級貴族が宴席を設けて賓客を招いた際におこなった儀礼であり、先秦期のはやい段階に出現している。一説によれば当時の社会には尚武の気風があり、成年男子は剣を佩用し、また射術をよくする必要があった。もし主人が宴席を設け、客に矢を射ることを求めれば、ふつう辞することはできなかったのだ。矢を射ることができないのは、男性にとって一種の恥辱とみなされた。のちに、宴会の場においてこのような気まずい事態が生じることで賓客も主人も堪えがたい状況に陥らないよう、次第にその風俗は変

青銅投壺
（北蔵槨東部酒器庫より出土）

化し、手で矢柄をもち酒壺に投げ入れるという遊びに改まった。

ある文献資料の記載によれば、秦漢時代には投壺は士大夫階層で盛行して衰えず、宴会があるたびに、必ず「雅歌投壺」によって盛りあげるのを助けたという。漢代の投壺の方法は、春秋戦国時代とくらべて大きく改変されている。それ以前の投壺は、壺のなかに小豆を満たし、それにより投げた矢柄がはじきだされないようにしていた。漢代にいたると、壺のなかを小豆で満たすことはなくなり、そうすることで壺に投げ入れた矢がはじきだされるようにし、投壺者が勢いにのってはじきだされた矢をつかんではまた投げ、これを何度も繰りかえした。すごい人は一度に百回あまりも投げることがあり、「之を謂いて驍《ぎょう》と為」したという。「驍」とは「勇ましい」という意味である。『西京雑記』によれば、漢の武帝のとき郭舎人という投壺の名人がおり、「一矢に百余反」することができ、「武帝の為に投壺をする毎に、輒《すなわ》ち金帛を賜」ったのだという。

投壺図

投壺は伝えられていくなかで常に新しい遊び方がつくられて、そのたびに難易度を増し、はじきだされた矢をもう一度投げる以外にも、反対向きに座って振り返って投げる、衝立の向こうから投げるなどの遊び方があった。南陽で出土した漢代の画像石にある「投壺図」は、画面中央で主人と客人のふたりが対座して投壺をし、その傍らで三人の従者がその世話をしているさまがあらわされている。このように、投壺は正式な儀礼から高雅な遊戯へと姿を変えた。『東観漢記』には、後漢の中興の名将である祭遵が「士を取るに皆な儒術を用い、対酒娯楽には、必ず雅歌投壺」したことが述べられている。投壺と雅歌は、漢代の儒士の生活で最もよくみられる要素のひとつであった。

おそらく劉賀が宴会を催し客と会することは、必ずしも多くなかったであろう。「四肢の麻痺」を患った動作のままならない人にとって、この「投壺」はさらに重要な意味をもった可能性があり、あるいは劉賀の日常生活の鍛錬において重要な「リハビリ用具」であった可能性もある。

『漢書』「文三王伝」には、「（梁の）孝王に雷尊あり、千金に値し、後世に戒めて善く之を宝とし、以て人に与うるを得ざらしめんとす」と

青銅提梁卣（西周時代。北蔵槨東部酒器庫より出土）

記される。これにより、漢代の人に骨董を収集する習慣があったことがわかる。現在までに発見されている前漢中晩期の墓に、商代（殷代）から周代の青銅器がともなった事例は少数にとどまらない。海昏侯劉賀は骨董収集に十分な条件と基本的な素養をもっていたにちがいない。

海昏侯墓で出土した一点の提梁卣《ていりょうゆう》は、その銘文から西周時代の古物と断定できる。この青銅提梁卣は保存状態が完全で、造形は優美であり、器の表面には龍の髭のような文様が刻まれていた。「卣」は古代の重要な盛酒器であり、おもに商代から西周代に流行した。古文献と銅器の銘文には、しばしば「秬鬯《きょちょう》一卣」という表現がある。「秬鬯」とは祭祀に供えるための一種の香酒である。「秬鬯一卣」とは卣ひとつぶんの香酒という意味である。

楊軍は海昏侯墓から西周の提梁卣が出土したことの解釈について「ふたつの可能性がある」という。ひとつは海昏侯の祖先が残した家伝の収蔵品であった可能性である。もうひとつは海昏侯自身が別のルートから入手した可能性で、そうであるならば海昏侯には骨董収集の趣味があったと推定でき、また墓のなかから戦国時代の青銅壺一点が発見されていることもその証左となる。

青銅缶（東周時代。北蔵槨東部酒器庫より出土）

あるベテランのコレクターは、海昏侯墓出土の一点の尊缶に注意を向け、これが春秋戦国時代の楚人が使用したきわめて特徴的な酒器であると指摘している。のちに呉越や百越地区の人々が楚文化の影響を受けると、彼らも好んでこの種の酒器を模倣製作した。しかも呉越や百越地区で製作された尊缶の一般的な個体はやや大きく、文様もやや複雑であり、そのため明らかにさらに精美になっている。海昏侯墓から出土した尊缶は湖南省益陽市の陸賈山《りくこざん》や江蘇省南京市六合区の程橋で出土した尊缶と造形や文様が一致するだけでなく、耳部の装飾まで完全に一致している。ただひとつ異なるのは、陸賈山と程橋の尊缶は横断面が円形であり、海昏侯墓出土の尊缶は横断面が多角形であるという点である。江西省は湖南省と江蘇省・浙江省の間に位置し、また古代の百越民族の集住した地域に属している。ここから推定すれば、海昏侯墓出土のこの尊缶は当地でつくられた可能性がある。

このコレクターは、北京首都空港公安分局が捜査して処理した「六・二四」特大文物窃盗事件で、国家文物局にひきわたされる前の十六点の貴重な文物の情報と結びつけ、これらのひきわたされた文物のうち、ある一点の尊缶と海昏侯墓出土の尊缶が酷似することを指摘した。彼の観察によれば、「六・二四」特大文物窃盗事件の十六点の貴重な文物は、少なくとも二組にわけることができ、その一組は西周時代の鼎・簋《き》・鬲《れき》・觚《こ》・爵・斝《か》・觶《し》・尊・卣・盤・匜《はんぞう》などであり、もう一組は戦国前期の紅銅象嵌の文様を施した提鏈壺《ていれんこ》・尊缶などだという。このことから、海昏侯墓で出土したこの尊缶は確実に戦国前期のものであることがわかる。

もしこの説が成立しうるのであれば、海昏侯墓出土の戦国時代の青銅尊缶は劉賀の家伝の古物ではなく、海昏侯が南昌に移ったのちに自ら探しだした「骨董」であると断定でき、劉賀が古物収集を愛好したということが、必ずしも根拠のない話ではないと証明することができる。

ある人は、海昏侯劉賀は儒学を尊んだ文化人であるにちがいなく、文献に記載されるほど放蕩をきわめてはいなかったのだという。転じてまたいうには、「このような可能性はありえないわけではなく、しかし人の性はときに複雑であり、文化的な素養が高いことが自堕落なことをしないということを意味するわけでは決してない」のだという。この種のどっちつかずな、これでなければあれであるといった見方が犯している共通の誤りは、一個人が一時期に犯した過誤によってその一生を「敷衍」したり、「推定」したり、さらには「決めつけ」たりして、人は成長し変化するという観点から歴史人物の関係する問題を見ずに、そのために必要となる段階区分を設けてもいないことである。こうしたことは、歴史上の人物に対する我々の客観的な評価に、一定の影響をおよぼすはずである。

実際のところ、十九歳以前の劉賀が「荒淫にして度無し」という状態であったことを私は深く信じて疑わない。ただ、子貢の「紂の不善は、この甚だしきに如かざるなり」という言説にも深く賛同しており、史書の記載がその罪過の誇張をまぬがれないという問題があることは認識している。もっとも劉賀は、昌邑国の郎中令龔遂や中尉王吉のように忠誠謀略の士が心をくだいて忠告し戒めた訴えをたびたび無視していることからわかるように、彼はこのような「せっかくの機会を活かすことのできない」人物であり、実際のところ皇帝の器ではなかったのであろう。

不幸の人には自ずから不幸の理由があり、可哀そうな人には可哀そうな理由がある。歴史は幸いにも劉賀に急激な転換点を突きつけ、前漢王朝はついにひとりの放蕩な人物によりみだりに難をもたらす危機を被ることを免れ、「昭宣の中興」という盛期を迎えた。

ある意味ではこうもいえる。劉賀の失敗は、実際のところ自滅であり、他人を恨むことはできないのだと。現在の我々が、墓から出土した遺物の助けを借りて目のあたりにした劉賀は、ただ「皇帝から民になった」「民から侯になった」特別な歴史的階梯のなかであらわれた人物であり、これを名づけて「劉賀の後半生」というのが、あるいはより正確かもしれない。

結語のない結び

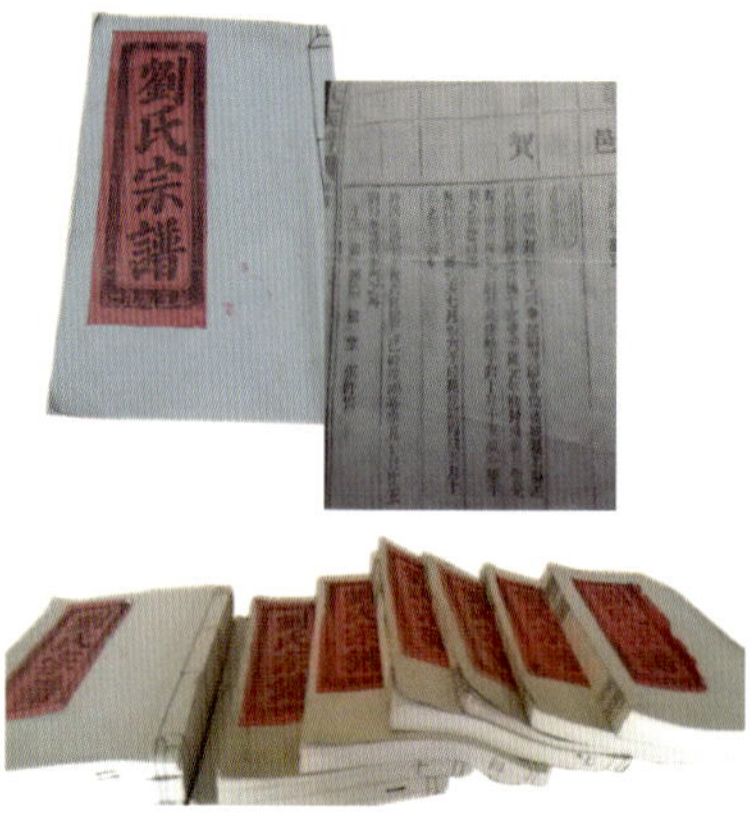
新建県の『劉氏宗譜』

もし一年でテレビ出演率、新聞報道率、インターネットの拡散度合い、人々の注目度合いが最も高い古代の歴史上の人物を選評しようとするなら、現在のところ海昏侯劉賀がきっと唯一無二の人物といえるだろう。彼の二千年あまり前の「準備」は、二千年あまりのちの今日にいたって、ついに彼が期待した以上の大きな「反響」を生んだのである。漢代のすべての人たち、とりわけ漢王朝の政治にたずさわる人たちにはだれも想像できなかったであろう——波乱万丈のできごとののちに煙のように過ぎ去ったこの「政治の敗主」が、ついに二千年あまりのちに「遺灰が再燃し」、はなばなしく新聞をかざり、考古学のスターとなり、こののちも長い期間にわたって学術領域を占拠する重要なテーマとなろうとは。「二〇一五年」はさながら彼の再生を祝う「劉賀元年」となったかのようであった。

海昏侯墓の発掘で採用されたのは、「リアルタイム」の報道形式である。二〇一五年十一月四日に主槨室の開封作業が新聞にリアルタイムで報道されてから、十二月十五日に主棺が研究室に運び込まれるまで、四十日あまりの時間のなかで、全世界の人がみな、歴史上の人物が現場を出るところからの「リアリティショー」を食い入るように視聴していた。今にいたるまで、この超大型の番組はいまだに終わっていない。私が思うに、もしこのような速報性の報道がなければ、我々がこれほど迅速に情報を取得することはできず、資料は占有されることとなり、本書を完成させることはできなかっただろう。

当然、海昏侯墓園の調査はその最終段階に入っているわけでは決してない。考古学発掘調査、遺物精査の作業は依然として進行中の段階にあり、考古学の作業はようやくはじまったばかりである。正式な発掘調査報告が公表されるには、さらに十年の歳月を待たねばならないともいわれる。

本書の作成にあたっては、文章を書きながら、同時に文献資料を集成した。既往の著作と異なるのは、必要な資料を「一網打尽」にしたり、あるいは渾身の力をふりしぼって一挙に完成させることはできず、引きつづき研究に没頭しなければならないことである。海昏侯墓考古資料の発表は、いったん集中的に投下されたあと、ぱらぱらと降り落ちる段階に入っており、締め切りを明確に区切ることはできなかった。最も虚無感を覚えるのは、これら二千年あまりの昔からやってきた遺物に我々が直接触れるすべはなく、それらの熱や脈動を感じても、その圧倒的多数の遺物が保護精査の作業途中にあり、その前にたつすべはまったくないということである。我々がみることができるのは、豹の体のひとつの斑点にすぎないのである。成語に「一斑を窺ひて全豹を知る」とあるとはいえ、また別の成語に「管中に豹を窺へば、只一斑に及ぶのみ」ということばもあり、どうして「盲人象を摸でる」ような陥穽に陥らないでいられようか。

劉賀のその墓の発掘は一段落したようである

が、劉賀自身の墓の付近には、彼の七人の妻子の墓とされる墓がある。この七基の墳墓の七人の被葬者は、みな彼とともに最後の歳月を過ごした最も近しい親族である。これは我々が劉賀を全面的に理解するための重要な傍証となる材料であり、目下謎として残されている。

胡迎建は新建県の『劉氏族譜』を検証し、劉賀にはただふたりの妻がいるのみであったことを明らかにした。ひとりは張氏であり、元封の乙亥年（元封五年、前一〇六年）七月六日の子の刻に生まれ、建昭の丙戌年（建昭四年、前三五年）五月十三日亥の刻に亡くなり、劉賀と同じところに葬られ、享年七十三歳であった。もうひとりは許氏であり、始元の丁酉年（始元三年、前八四年）六月六日の巳の刻に生まれ、鴻嘉辛丑年（鴻嘉元年、前二十年）の十月二十五日寅の刻に亡くなり、予章郡の東門外に葬られ、享年は六十四歳であった。

劉賀には三人の子がおり、劉錦は張氏が生み、劉超と劉厚は許氏が生んだ。これらの記載は『漢書』と異なっている。

新建県の『劉氏宗譜』は、劉賀が元康元年（前六十五年）に予章王に封ぜられたことにも言及している。元康元年は劉賀が予章の海昏に移る二年前であり、史書に根拠となる記述はない。おそらくそれは、孫万世が劉賀と私的に密談し、いずれ予章王に封ぜられるだろうと話した、というたぐいの話をもとに生まれたものと推測される。『宗譜』はまた劉賀の没年を建始の辛卯年（建始三年、前三十年）十月十五日辰の刻であるとし、平陵の南に葬られ、懐王と諡《おくりな》されたとも述べている。この懐王と諡したという話は、おそらく海昏侯国の臣民に伝わっていたものである可能性がたかく、史書には記載がない。

劉賀が逝去したのち、予章郡太守は宣帝に奏上し、海昏侯の世襲を廃止することを建議した。群議では結果が一致し、みな彼のための世継ぎを立てるべきではないとし、海昏侯国は廃止された。十三年後、すなわち初元三年（前四六年）、漢の元帝劉奭《りゅうせき》は再び劉賀の別の子である劉代宗を封じて海昏侯としたが、これが海昏釐《り》侯である。劉代宗は位を子の劉保世に伝えたが、これが海昏原侯である。劉保世は位を子の劉会邑に伝えた。初始元年（八年）十一月、王莽が漢王朝に代わり新王朝を樹立すると、海昏侯国は再び廃止され、劉保世は領地を没収され庶民となった。やがて建武元年（二五年）に劉秀が後漢王朝を樹立し、劉氏の天下を回復すると、劉会邑もまた海昏侯の位を回復し、侯の位を堅守した最後のひとりとなった。

それでは、海昏侯墓園の陪葬墓および紫金城の北東と南東の漢墓群は、これら劉賀の近親者や臣下、さらに歴代の海昏侯とどのような関係があるのだろうか。こうした問題については、いずれもさらなる発掘の成果を待たなくてはならない。

本書は、ただとある段階の様相を示したものにすぎず、さらに多くの課程と作業によってさらに引きつづき補ってゆかなくてはならない。これまでの著作では、原稿が完成すると一種の重責から解放されたような感覚があり、ベッドに倒れ込んで頭から布団をかぶり何日何夜と過ごすなかで、ときに一種の風邪のような微病が、執筆過程のさまざまな過ちについて報復のような警告を示すこともあった。今回は違うかもしれない。最後まで書き終えても、ついにやり終えたというような解放感や、独りよがりな満足感は少しもない。

パソコンに向かったところで、ピリオドを打つことができないのだ……

二〇一六年六月五日　得一居にて

王東林

跋

監訳者あとがき

本書は、江西美術出版社から二〇一六年六月に出版された『図説海昏侯』シリーズの第二巻、『劉賀其墓』の日本語訳である。翻訳出版にあたり、シリーズ名は『埋もれた中国古代の海昏侯国』とし、第二巻の書名は『劉賀が残した宝物』と改めた。本シリーズの意義と翻訳にいたるまでの経緯はすでに第一巻の「監訳者あとがき」に述べたから、ここでは海昏侯墓がもつ学術的価値について、中国考古学の現状をふまえて簡単に解説しておくことにしたい。

海昏侯墓が学術的に重要なのは、それが劉賀という歴史上の人物、それもいったんは皇帝を経験した人物の墓だと特定できたからにほかならない。前漢の皇帝陵は、現在の西安市郊外に分布し、高祖劉邦や武帝劉徹の陵をはじめとする十一陵の所在がほぼ確定している。それらの皇帝陵は、いずれも広大な陵園をともなっており、劉賀のあとに即位した宣帝の杜陵《とりょう》は一九八〇年代に分布調査がおこなわれて陵園の構造が判明しているし、一九九〇年代には景帝陽陵の陵園が発掘され、大量の兵馬俑などが出土している。しかし、前漢十一陵のなかで、墳丘の下にある埋葬施設が発掘された例はなく、周辺施設の発掘調査やボーリング調査がおこなわれているにすぎないため、皇帝陵の内部は同時期の諸侯王墓から推測するしかないのが現状である。

中国各地に分布する前漢の諸侯王墓や列侯墓の調査例は多く、これまでに五十基ちかい諸侯王墓とその王后墓、十五基あまりの列侯墓とその夫人墓が、調査で確認されている。一九六八年に発見された河北省満城の中山靖王劉勝墓、一九八三年に発見された広東省広州の南越王墓などは、貴重な副葬品が大量に出土したことで知られている。過去に日本各地の博物館で開催された展覧会にもそれらの発掘品がしばしば出展されており、それを実際に目にしたことのある日本の読者もいるかもしれない。劉賀は最終的に海昏侯という列侯の身分で埋葬されているから、これらの諸侯王墓より下位に属するものの、故昌邑王、廃帝という劉賀の特異な経歴が、その墓にどのように反映されているかということは、発掘以来さまざまに論じられ、本書の大きな関心事でもあった。

いまひとつ重要なことは、本書でも指摘されているように、海昏侯劉賀墓の周囲にはその一族のものと考えられる数基の墓と付属建築の遺構があって墓園を形成しており、さらにその外側に海昏侯国の城址や貴族墓地などがまとまって分布していることである。先に述べたように、前漢皇帝陵の一部は調査によって陵園の構造が明らかにされ、また同時期の長安城も数十年にわたる断続的な分布調査と発掘調査によりその全貌が解明されつつあり、長安一帯の遺跡分布についてはかなり理解が深まってきた。しかし、地方の王国や侯国の場合、盗掘や開発を契機とした墓の調査例は多いものの、関連する周囲の遺跡群が体系的に調査された事例はほとんどない。つまり、皇帝陵の本体は未調査でありながらも都城を中心に周囲の遺跡群が全体として解明されつつある首都長安の状況に対して、王国や侯国では墓の調査が先行してそれ以外の調査はおくれているといってもよいだろう。そもそも、広大な国土に厖大な数の遺跡が分布する中国では、瓦や土器といった地味な遺物しか出土しない地方都市や集落の遺跡にまで十分な労力を注ぎ込むことができていない現状がある。

そうしたなかで、海昏侯墓の発掘にとどまらず、海昏侯国の遺跡群全体を対象とした長期的かつ継続的な調査が実現すれば、漢代の侯国および地方都市の研究において、重要なモデルケースを提供することとなるにちがいない。本書でも紹介されているように、海昏侯墓から出土した金製品・青銅器・漆器・玉器などのすぐれた品質と厖大な量は、注目に値する。しかし、本書の書名『劉賀が残した宝物』とは、決して墓のなかに副葬された財宝だけを指していったものではない。墓園とその周囲にひろがる遺跡群の学術的価値が調査によって明らかにされ、貴重な文化遺産として将来に伝えられていくことを期待したい。

第一巻の監訳者あとがきにも記したとおり、本シリーズの翻訳は、二〇一七年一月に京都大学人文科学研究所の岡村秀典教授とともに北京をおとずれた際、樹立社の向安全社長から提案をうけて実現することになった。その第二巻にあたる本書は、京都大学大学院文学研究科博士後期課程の坂川幸祐さんが下訳を作成し、同年四月から八月にかけて定期的に読書会をひらいて訳文の検討をおこなった。呼びかけ人である岡村・向井と、第一巻担当の田中一輝さん、第二巻担当の坂川さん、第三巻担当の大谷育恵さんの計五名が読書会に参加し、週一回のペースで各巻を順番に読み進めていった。

坂川さんは京都大学大学院で考古学を専攻し、中央ユーラシア東部の草原地帯をフィールドとして、匈奴以前の初期遊牧民の青銅器文化について研究を進めている。ちょうどこの翻訳の読書会を終えた二〇一七年九月から一年半の間、中国の吉林大学に留学し、現地の考古学研究者や学生らと交流し、最新の研究動向にふれてきたところである。本来ならば、留学の成果をもとに、坂川さん自身がさらに訳文を推敲して、納得のいくかたちに仕上げてもらえばよかったのであるが、時間の制約から監訳者の独断で訳文を改変してしまった部分も少なくない。訳者や原著者の意図と異なるところが本書にあるとすれば、それはすべて監訳者の責任である。

本書の刊行にあたっては、樹立社の向安全社長、科学出版社の柳文子さんにお世話になった。編集担当の高崎千鶴子さんには、原稿チェックから挿図の配置にいたるまで、丁寧に検討していただき、適切な助言をいただいた。最後に、本書の翻訳と出版にご尽力いただいたすべての方々に、深くお礼を申し上げたい。

二〇一九年三月

向井　佑介

主編
陳　政　（ちん せい）
江西文化研究会秘書長・文化学者・江西省作家協会副主席・
江西省文芸学会副会長・美術評論委員会主任

編著
王　東林　（おう とうりん）
江西師範大学歴史系教授・正大研究院院長・文化研究所所長

王　冠　（おう かん）
江西師範大学正大研究院助理研究員

監訳
向井　佑介　（むかい ゆうすけ）
1979年生まれ。京都大学大学院文学研究科博士後期課程から京都大学人文科学研究所助手・助教、
京都府立大学文学部講師・准教授を経て、現在、京都大学人文科学研究所准教授。専門は中国考古学・歴史考古学。
主な著作に「仏塔の中国的変容」（『東方学報』88、2013年）などがある。

翻訳
坂川　幸祐　（さかがわ こうすけ）
1991年生まれ。京都大学大学院文学研究科修士課程修了、現在、同博士後期課程在籍中。
専門は考古学。主にユーラシア初期遊牧民の青銅器文化について研究している。
主な著作に「蝶形牌飾の展開について― 長城地帯の事例を中心に―」（『中国考古学』17、2017年）、「草原地帯東部における鶴嘴形武器の展開 ―トゥヴァ地域・アルタイ山脈周辺地域を中心に―」（『横浜ユーラシア文化館紀要』6、2018年）がある。

埋もれた中国古代の海昏侯国（二）
劉賀が残した宝物

2019年5月27日初版第1刷発行

主　編　陳政
編著者　王東林　王冠
監訳者　向井佑介
訳　者　坂川幸祐
発行所　株式会社　樹立社
〒102-0082　東京都千代田区一番町15-20 一番町フェニックスビル
TEL：03-6261-7896　FAX：03-6261-7897　http://www.juritsusha.com
編　集　高崎千鶴子
装丁・組版　真志田桐子
印刷・製本　モリモト印刷株式会社

ISBN978-4-901769-84-6　C1020

シリーズ 全三巻

中国古代の 埋もれた 海昏侯国

世紀の発掘が明かす、
二千年前の中国 海昏侯の人生

目のくらむような黄金、山をなす貨幣、美しい象眼細工の楽器や馬飾、青銅器、漆器、竹簡の『論語』や『易経』、漢方薬等々に加え、実物の馬と馬車が姿をあらわした！
これは図版を駆使した奇跡の発掘レポートである。

一 二十七日間の皇帝 劉賀

漢墓の至宝がものがたる、若き皇帝 劉賀の悲劇

大漢最盛期の皇帝武帝の孫昌邑王の劉賀は、好きな車馬を飛ばす走り屋だった。はからずも皇帝に擁立されて長安に入りその悲劇がはじまる。呪詛、陰謀、愛憎うずまく宮廷にあって二十七日でその地位を追われ、ついには辺境の地、海昏国の列侯に……その三十四年の生涯とは？

陳政 主編／盧星・方志遠 編著／向井佑介 監訳／田中一輝 翻訳

B5判／フルカラー／100ページ　定価 本体3800円＋税

二 劉賀が残した宝物

海昏侯墓発掘の生々しいレポート

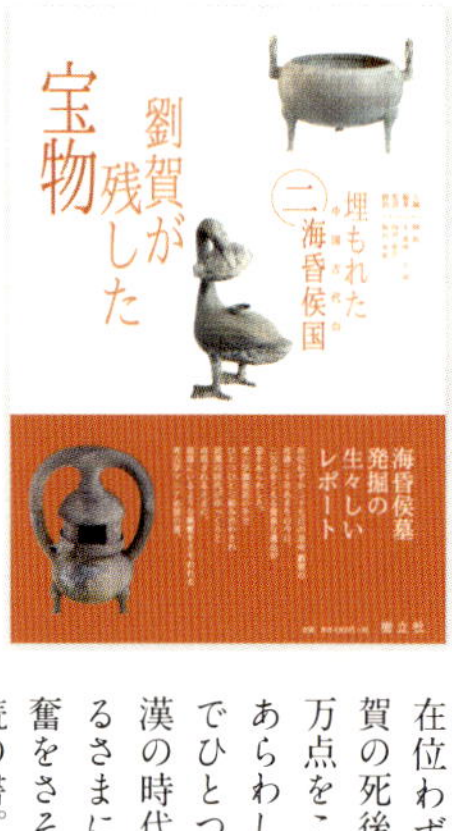

在位わずか二十七日の皇帝 劉賀の死後二千年あまりの今日二万点をこえる貴重な遺品が姿をあらわした。考古学調査員の手でひとつひとつ組み合わされ前漢の時代がゆっくりと再現されるさまに、現場にいるような興奮をさそわれる考古学マニア必読の書。

陳政 主編／王東林・王冠 編著／向井佑介 監訳／坂川幸祐 翻訳

B5判／フルカラー／146ページ　定価 本体4800円＋税

三 二千年前の歴史をさぐる

「漢の廃帝」劉賀の終の住みか、幻の海昏国の謎に迫る

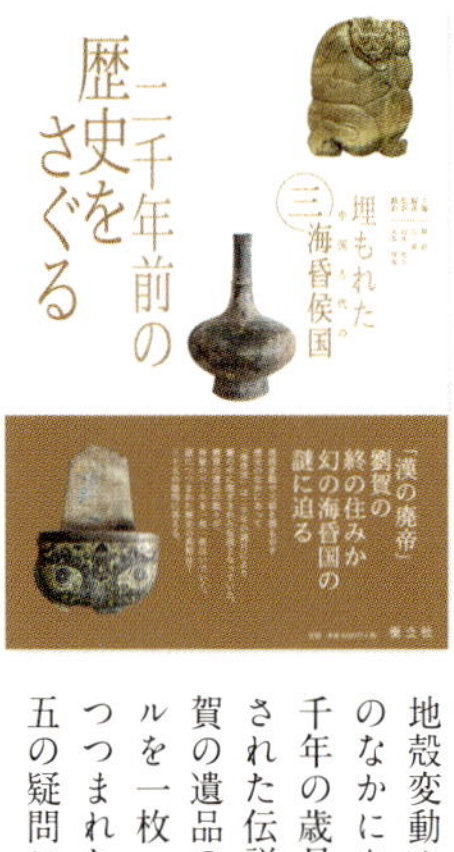

地殻変動や王朝を揺るがす歴史のなかにあって「海昏国」は二千年の歳月により霧の中に閉ざされた伝説となっていたが、劉賀の遺品の数々が、神秘のベールを一枚一枚はいでいく。謎につつまれた歴史の真相は？三十五の疑問に答える。

陳政 主編／万軍 編著／向井佑介 監訳／大谷育恵 翻訳

B5判／フルカラー／120ページ　定価 本体4800円＋税